제3판

통계조사의 길잡이

Introduction to Statistical Surveys

-Third Edition-

허명회 저

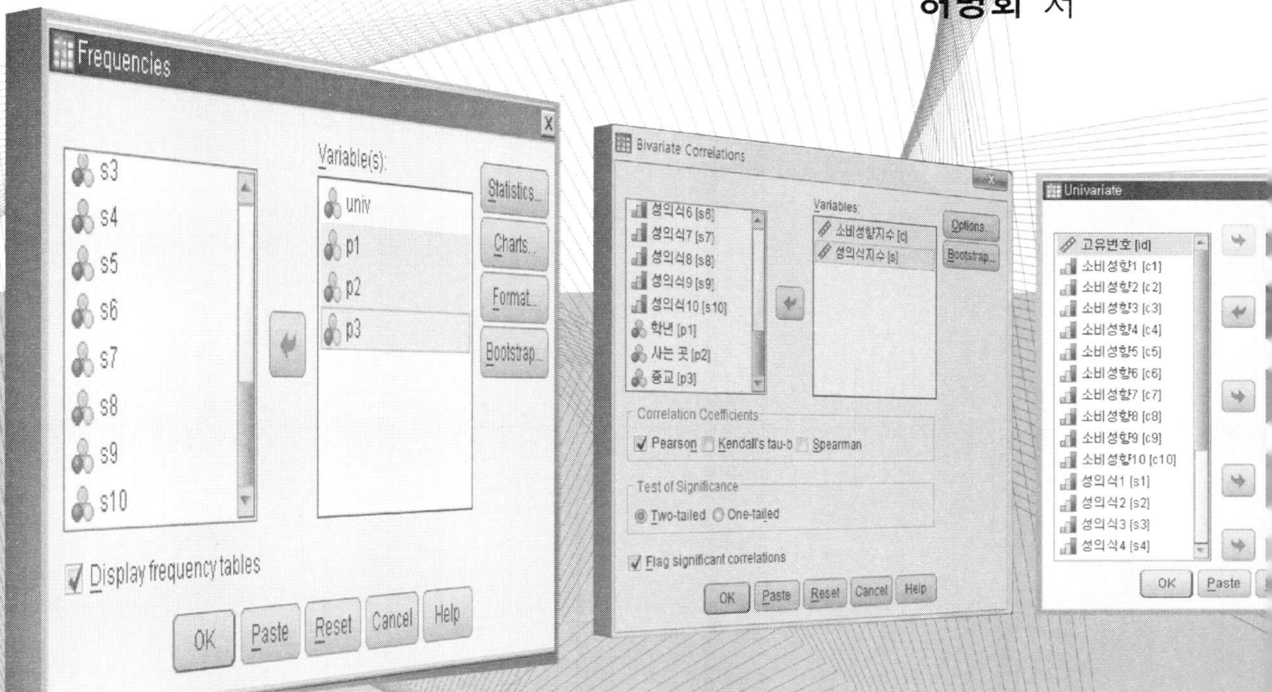

자유아카데미

머리말 PREFACE

우리사회에 대한 과학적 연구과정에서 통계조사에 대한 필요성은 누구나 느낀다. 그러나 통계조사를 실제 해보고자 마음 먹을 때 이를 쉽게 안내해주는 책이 별로 없다. 저자는 통계조사의 계획에서부터 분석에 이르기까지를 단계별로 일목요연하게 독자들을 이끌고자 '길잡이' 책을 쓰게 되었다. 따라서 독자들은 통계조사 전과정에 대한 체계적 학습을 경험하게 될 것이다. 이 책은 실제의 한 조사사례를 따라 진행된다.

이 책은 통계조사를 해보고자하는 모든 독자들을 대상으로 한다. 따라서 통계학을 전공으로 하는 학생뿐만 아니라 사회과학적 접근을 필요로 하는 모든 분야의 학생들이나 연구자들에게 유용할 것으로 믿는다. 저자는「통계세미나」라는 교과에서 3,4명의 조(組)에게 통계조사 프로젝트를 수행하게 하였는데 이 책을 교재로 쓴 바 있다. 사회조사 분석사 시험을 위한 학습서로서도 가치가 있을 것으로 생각한다.

이 책에서는 기술통계부터 일반선형모형에 이르기까지 다양한 수준의 통계분석방법들이 적용되고 있지만 이에 대한 선행학습이 필수적이라고는 생각하지 않는다. 오히려 해당부분을 이런 분석기법들에 대한 오리엔테이션으로 읽을 수 있을 것이다. 재개정판의 본문 중에서는 자료분석을 위한 통계소프트웨어로 SAS와 R, 그리고 SPSS를 병행하여 사용하였다. 독자들은 3개의 대표적인 통계소프트웨어를 비교해볼 수 있을 것이다.

이 책을 통하여 적지 않은 독자들이 스스로 통계조사를 하는 데 큰 도움이 되었다는 말을 할 때마다 저자로서 무한한 보람을 느꼈다. 재개정판에서는 기존 판에서 발견된 여러 작은 오류와 표현을 바로 잡았고 새로운 사실들로 업데이트 하여 독자들의 기대에 다소나마 부응하고자 한다.

통계조사는 결코 어렵지 않다. 그렇다고 마구해서는 안된다. 머리만으로 하는 것도 아니다. 직접 부딪혀 여러분의 손으로 허보길 바란다.

고려대학교 연구실에서

허명회 (stat420@korea.ac.kr)
1995년 6월, 2001년 1월, 2011년 1월

차례 CONTENTS

1장. 시작하며 INTRODUCTION

이 장은 통계조사론의 서론에 해당하는 내용을 담고 있다. 왜 통계조사를 하는가부터, 표집오차보다 비표집오차가 더 엄청난 결과를 초래할 수 있다는 것, 통계조사의 정확성에 관한 논란으로서 TV 시청률조사와 성공적인 사례로서 대통령 선거 예측을 위한 여론조사를 소개할 것이다. 또한 저질 조사의 사례도 제시한다.

1. 왜 통계조사를 하는가?

통계조사는 왜 하는가?[1] 결론부터 말하자면 어떤 광범위한 대상집단(모집단)에서의 특정 정보를 과학적인 방법으로 알아내기 위하여 통계조사를 한다고 말할 수 있다.

만약 대상집단이 광범위하지 않다면 굳이 통계조사를 할 필요가 없을 것이다. 예컨대 우리가 필요로 하는 정보가 기업 A, B, C에 관하여라면 이들 세 기업 모두를 방문하여 자료를 수집하는 것이 좋을 것이다. 그러나 예컨대 기업 A, B, C가 속해 있는 산업체 군에 관한 전반적인 실태조사라면 이야기가 달라진다. 관심 업체 군에 모두 1995개의 회사가 속해 있다면 어쩔 것인가? 우리의 인력과 예산 및 시간이 모든 회사들을 방문조사할 만큼 충분히 크고 그럴만한 가치가 있다면 몰라도 대부분의 경우 굳이 전수조사까지 할 필요는 없을 것이다.

또 한편으로, 상당수의 회사가 속한 산업체 군에 관한 실태조사라고 하더라도 꼭 표본추출에 의한 조사방법만이 유용하다고는 할 수 없다. 신문이나 TV 등 언론매체에서 잘하는 수법인 르포 형식의 실태 조사도 훌륭한 조사방법의 하나이다. 이런 방법은 일종의 사례조사(또는 사례연구)라고 할 수 있을 터인데 무엇보다도 뛰어난 현장성(現場性)과 적시성(適時性)이 장점이다. 그러나 몇몇 사례를 통해본 경험은 흔히 일부에 편중되기 쉽다. 한 쪽에 치우친 정보는 일목요연하게 논리를 전개하거나 그럴듯한 결론을 끌어내는 데 이득이 되겠지만, 일견 그럴듯한 결론이 꼭 옳은 결론이 아닌 것이 문제이다. 따라서, 좀 더 신중한 정보가 필요한

1 통계조사를 표집조사(標集調査; sampling survey)와 같은 의미로 사용하고, 전수조사(census; 총조사)나 사례조사(case study) 등을 이에 대한 대안으로 취급하겠다. 영어의 'sampling'을 통계학계에서는 '표본추출'이라고 하고 사회과학계에서는 주로 '표집'이라고 하는데 이 책에서는 두 용어를 혼용하여 쓰게 될 것이다.

경우 통계조사를 생각하게 되는 것이다. 확률표집(probabilistic sampling)에 의한 통계조사는 20세기초 이후 이 방면에서 최선의 과학적인 방법으로 자리 잡았다.

그렇다고 해서 통계조사가 만능인 것은 아니다. 통계조사 또한 숱한 오류를 범할 수 있는데 연세대 신문방송학과 오인환 교수가 제시한 한 실례를 보도록 하자.

> 제14대 총선(1992년 3월)을 앞두고, 서울에서 발행되는 큰 신문들이 본격적인 여론조사를 통해 투표율을 예측했었는데, 그 가운데 크게 빗나간 것들이 있었다. 투표를 10여일 앞두고 실시된 조사에서 갑 신문, 을 신문, 병 신문이 예상한 투표율은 각각 71%, 86%, 88%였었다. 그러나 실제 투표율은 71%였다. 갑 신문은 "꼭 할 것이다"(71.2%)와 "아마 할 것 같다"(12.3%) 중에서 "꼭 할 것이다"만으로 예측을 했고, 을 신문은 "반드시 하겠다"(68.6%)와 "아마 할 것이다"(17.4%)를 합쳐서 예측을 했고, 병 신문은 응답항목이 구분이 안된 채 "할 것이다"(88.0%)를 가지고 예측을 했다. 결국 갑 신문만이 예측을 제대로 한 것이 된다. ... (중략) ... 갑,을,병 신문 모두가 표집오차를 ±3.4%로 밝히고 있는데, 위의 예상 투표율들은 표집오차를 감안하더라도 실제 투표율과의 사이에 상당히 큰 차이를 보이고 있다. (오인환(1992)「사회조사방법론: 오차요인 집중연구」20-21쪽)

이 예는 우리말의 '아마'가 갖는 모호성에 대한 우리들의 경각심을 불러 일으킨다. 이것은 이러한 조사상황에서의 '아마'가 긍정이냐, 부정이냐에 대한 판단이 어떤 류의 정량화에 선행하여 중요함을 의미한다. 또한 이 현상은 사회적 요망성 편향(social desirability bias), 즉 응답자가 사회적으로 바람직한 쪽으로 쏠리는 편향(偏向, bias)이 있음을 말해준다. 한 마디로, 실제 통계조사에서 표집오차 못지않게 비표집오차가 중요하다는 것을 말한다.

조금 전에 인용한 오인환의「사회조사방법론」은 내가 읽은 이 분야의 책들 중에서 가장 인상에 남는 책이다. 이 책에는 수백 편의 조사관련 국외 논문들이 적절하게 분류·요약·정리되어 있어 매우 유용할 뿐만 아니라 재미도 있고 구체적이다. 예컨대 우편조사에서 설문지 회수율을 높이는 방법에는 어떤 방법이 있는지, 어느 정도 효과가 있는지, 그리고 설문의 실제 어구(語句, wording)에 따라 어떠한 차이가 발생하는지에 관해 보고된 실증적 사례들이 정리되어 있다. 시간적 여유가 있는 학생들에게는 이 책을 일독할 것을 권하고 싶다. 특히 1장 "서론: 비표집오차의 중요성", 2장 "조사방법의 차이가 응답에 미치는 영향", 3장 "질문문안의 용어, 문맥, 형식과 그 영향"과 4장 "면접자와 응답자 특성 차이가 응답에 미치는 영향" 등을 읽어보라. 단, 이 책은 미국의 사례들을 주로 다루었으므로 우리 현실에 직접 적용될 수 없다는 점을 염두에 두기 바란다.

2. TV 시청률조사 – 표집오차와 비표집오차 –

표집오차(標集誤差, sampling error)의 교과서적 정의는 전수조사가 아니었기 때문에 결과되는 오차, 즉 표집조사로 말미암은 오차를 말한다. 그런데 확률적 표집에서는 이런 오차의 크기가 확률법칙의 지배하에 있게 되므로, 표집오차는 표집방법과 표본크기(sample size)에 의존하게 된다. 한편, 이에 대비되는 비표집오차(非標集誤差, non-sampling error)는 통계조사에서 생기는 모든 오차 중에서 표집오차를 제외한 다른 모든 유형의 오차를 말한다.

따라서 비표집오차가 어느 경우에 생기고 무엇에 달려있는가를 몇 줄로 정리해 말할 수는 없다. 그렇지만 대다수의 비표집오차는 측정도구의 결함 또는 측정과정의 부실로부터 발생한다고 볼 수 있다. 예컨대 설문지 조사에서는 제시된 설문의 결함과 부실한 실사(實査) 때문에 많은 비표집오차가 발생한다. 그러므로 전수조사인 경우에도 표집조사에서와 마찬가지의 비표집오차가 발생할 수 있다. 비표집오차에 관한 논의로서 실제 사례를 하나 보자.

현재 우리나라에서는 AGB닐슨미디어리서치와 TNS미디어코리아(TNmS)가 피플미터(people meter)라는 전자기기를 써서 TV 시청률조사를 하고 있다. 이 기기는 각 조사회사별로 전국 주요도시 2,000여 가구에 설치되어 있다. 피플미터의 핸드셋에는 개인별 버튼이 있어 가구원 중 누가 보는지를 입력하도록 되어 있다. '누가 언제 무엇을' 시청하였는가에 관한 자료는 피플미터 내에 일시적으로 보관되었다가 매일 일정시각에 모뎀을 통하여 조사회사 컴퓨터로 전송된다. 이렇게 수집된 자료는 미리 준비된 통계 소프트웨어에 의하여 즉시 분석되어, 매일 아침 각 TV사의 PD 책상 위에 전날의 프로그램별 시청률 보고서가 놓이게 된다.

일기식 조사나 전화동시조사에 의한 방법에 비하여 훨씬 효율적이고 신뢰적인 TV 시청률 통계가 피플미터라는 전자기술의 도움으로 만들어지고 있다고 할 수 있다. 그러나 문제는 이 방법도 결코 완벽하지는 않다는 것이다. 예컨대 어떤 경우는 TV를 시청하되 잊어먹고 핸드셋에 개인 버튼을 제대로 눌러놓지 않을 수 있다. 그런가하면 TV를 보기 시작하면서 핸드셋을 조작해놓았지만 금방 잠이 든 경우 실제로는 TV 시청이 이루어지지 않았음에도 불구하고 조사회사 컴퓨터에는 장시간 시청하고 있는 것으로 자료가 전송될 수 있다. 이런 것들이 비표집오차가 되어 시청률 통계의 타당성을 떨어뜨린다.

한편 표본크기가 작다는 것도 문제의 소지가 된다. 2,000여 가구로 한정된 패널에서 측정되는 것이기 때문에 생산되는 추정치가 매우 정밀한 것은 아니다. 가구시청률의 경우 단순랜덤추출에서의 비율에 관한 표준오차 공식을 적용하는

경우 95% 신뢰수준에서는 표집오차가 최대

$$\pm\sqrt{(0.5 \times 0.5)/2000} = 0.022,$$

즉 2.2%가 된다 (4장 참조). 이와 같이 표본크기 때문에 신뢰성이 덜해지는 결과가 초래되는 것은 사실이다. 그러나 패널가구를 1가구 추가하는데 비용이 많이 들기 때문에 시청률조사의 스폰서들(각 TV사 및 광고대행사, 광고주 등)이 좀 더 후원하지 않는 한 표본크기를 늘리기가 쉽지 않다. 만약 표본크기를 늘리는 것이 가능한 상황이 된다면 현재 서울, 부산, 수도권, 광주, 대구, 대전 등 대도시 지역으로 제한된 조사지역을 전국으로 확대하는 것이 바람직할 것이다. 다음 표는 2010년 4월 14일 현재 지상파 TV 시청률 상위 톱 10 프로그램 리스트이다 (자료출처 TNS미디어코리아 http://www.tnms.tv/).

순위	프로그램	방송사	시청률
1.	살맛납니다	MBC	21.0%
2.	신데렐라언니	KBS2	19.7%
3.	KBS뉴스9	KBS1	19.5%
4.	바람불어좋은날	KBS1	19.1%
5.	아내가돌아왔다	SBS	16.8%
6.	분홍립스틱	MBC	14.3%
7.	개인의취향	MBC	13.0%
8.	KBS뉴스광장2부	KBS1	12.2%
9.	당돌한여자	SBS	12.2%
10.	인간극장	KBS1	11.0%

3. 대통령 선거 예측 – 통계조사의 성공 사례 –

선거예측을 위한 통계조사가 지닌 매력 중 하나는 대부분의 다른 조사와는 달리 일정 시간 이후에는 정답이 알려지기 때문에 통계조사가 얼마만큼 정확했는가를 사후적으로 평가할 수 있다는 점이다. 성공적인 사례로서 1987년 제13대, 1992년 제14대, 1997년 제15대, 2002년 제16대, 2007년 제17대 대통령선거 예측치와 결과치를 살펴보자.

1987년, 1992년, 1997년 선거예측은 우리나라의 선도적인 사회여론조사기관인 한국갤럽이 가구방문조사와 전화조사로 한 것인데, 예측치가 실제 득표율에 상당히 근접해 있는 것을 볼 수 있다 (박무익 (2002), "우리나라 선거여론조사의 역사와

의의", <조사연구> 3권 1호, 91-118). 그리고 여기서 제시된 2002년 선거예측은 미디어리서치가 출구조사(exit poll)로 한 것이고 2007년 선거예측은 미디어리서치와 코리아리서치가 공동으로 출구조사로 한 것이다 (김정훈 (2003), "선거예측과 출구조사", <조사연구> 4권 2호, 87-102. 출구조사에 대하여는 3장 참조). 상당히 정확하였다 (특히 제16대 선거의 경우). 지난 20–30년에 걸쳐 축적된 우리나라 조사기관들의 실력을 볼 수 있다.

제13대 대통령선거(1987년)

득표율(%)	노태우	김영삼	김대중	김종필	기 타
예측치	34.4	28.7	28.0	8.4	0.5
결과치	36.6	28.0	27.1	8.1	0.2

제14대 대통령선거(1992년)

득표율(%)	노태우	김영삼	김대중	김종필	기 타
예측치	39.5	31.1	15.7	12.4	1.2
결과치	42.0	33.8	16.3	6.4	1.5

제15대 대통령선거(1997년)

득표율(%)	김대중	이회창	이인제	기 타
예측치	39.9	38.9	19.7	1.5
결과치	40.3	38.7	19.2	1.8

제16대 대통령선거(2002년)

득표율(%)	노무현	이회창	기 타
예측치	49.1	46.8	4.1
결과치	48.9	46.6	4.5

제17대 대통령선거(2007년)

득표율(%)	이명박	정동영	이회창	문국현	기 타
예측치	50.3	20.0	13.5	6.1	10.1
결과치	48.7	26.1	15.1	5.8	4.3

선거여론조사의 사회심리

- 선거 전 이에 관한 여론조사 결과가 실제 선거에 영향을 줄 수 있는가에 대하여 엇갈리는 주장들이 있다. 하나는 악대마차(樂隊馬車)라는 뜻의 '밴드웨곤' 효과(band wagon effect)라는 것인데 이는 여론선거에서의 우세자가 조사결과의 공표로 더 우세하게 되는 것을 말한다. 다른 하나는 투견시합에서 밑에 깔린 개를 뜻하는 '언더독' 효과(underdog effect)라는 것으로 이는 열세자가 동정효과를 얻는다는 것이다. 어느 쪽도 다 일리가 있으나 실증적 근거를 확보하지 못하고 있다.

- 우리나라의 선거여론조사에 의한 예측과 실제 결과 간 차이를 살펴보면 '침묵의 나선' (spiral of silence)이 확인되는 경우가 많다. 이는 여론조사에서 자신들의 지지후보가 열세자인 경우 또는 사회 지배적 압력에 의해 억압되는 경우 응답자들이 조사를 가속적으로 회피하는 경향을 말한다. 이에 따라 선거여론조사에서 나타난 제1의 후보와 제2의 후보 간 차이가 실제 결과에서는 상당히 좁혀지는 현상이 발견된다. 심지어는 역전이 되기도 한다.

- 선거여론조사가 선거의 양상을 다자(多者)대결에서 양자(兩者)대결로 바꾸는 효과를 준다. 제3의 후보를 지지하던 유권자들이 그들의 투표가 사표(死票)가 되는 것을 원하지 않기 때문이다. 예컨대 여론조사의 결과로 세 후보 A, B, C가 $A > B > C$ 의 순서로 드러났다면 C의 지지자들이 붕괴되어 A 또는 B의 지지로 전향할 가능성이 있다. 이 때 A와 B 중에서 누가 득을 볼 것인가는 C의 지지기반이 A와 B 중에서 누구와 더 가까운가에 달려있다.

4. 저질 조사

모든 통계조사가 다 정확하거나 가치가 있는 것은 아니다. 질 낮는 조사도 빈번하게 실행된다. 2004년 4월의 총선거를 앞둔 시점에서 Y당은 자기 당의 지역후보를 정하기 위하여 여론조사를 실시하였는데 헛점 투성이였다. 다음은 이를 지적하고자 저자가 쓴 중앙일보 칼럼이다 (2004년 2월 25일자).

> 오는 4·15 총선을 앞두고 몇몇 정당은 경선 선거인단의 투표에 의하여 정당 후보를 정하고 있다. 해당 지역민의 의견을 물어 평판이 좋은 후보를 선정하겠다는 것인데, 과거 소수의 '보스' 정치인에 의해 낙점하던 방식에 비해 훨씬 나아 보인다. 그러나 조사방법론의 시각에서 그 안을 들여다보면 허점 투성이라서 놀라지 않을 수 없다. 우리나라 정당의 성숙도가 이 정도 밖에 안 되나?

최근 한 지역구의 모정당 경선 여론조사가 어떻게 진행되었나를 보자. 선거인단 1,000명을 확보하기 위하여 수 만 회의 전화시도를 하였는데 이 때 고려한 인구적 요인은 응답자의 성과 나이였다 (40세 전후 구분). 20대와 30대는 재택 비율이 낮으므로 이 나이층 응답자 확보에 힘이 많이 들었을 것이다. 이렇게 애써서 확보한 선거인은 총 995명, 이 중에서 투표장에 나온 사람은 310명이었다고 한다 (참석률 31%). 성과 나이를 고려하였고 그 외는 무작위성이 작동할 것으로 기대했겠지만 그것은 순진한 희망사항에 불과하다. 확보된 선거인단의 대표성이 일그러져 있을 가능성이 크기 때문이다. 실제로 이를 검토하는 아무런 장치가 없었고 대책이 없었다. 조사방법론의 기초적 관점에서 이 문제를 보기로 하자.

성과 나이를 통제한다고 하더라도 전화 표집은 여러 요소에 의하여 왜곡될 수 있다. 대표적으로는 집에 전화 받을 사람이 있을 확률, 즉 재택률인데 이것은 그 사람의 인구사회적 속성과 깊게 관련이 있다. 주부이거나 특정한 직업이 없는 사람은 집에 있기가 쉽고 블루 컬러와 화이트 컬러 등의 직업을 갖는 사람들은 소외되기 쉽다. 당연히 가구원 수와도 관련이 있다. 유선전화를 보유하지 않거나 보유하고 있더라도 등재하지 않은 사람들은 원천적으로 봉쇄된다. 부재중 무선전화로의 착신 전환이 없었다고 하더라도 실제 확보된 선거인단의 대표성은 상당히 훼손되어 있을 가능성이 있다. 따라서 직업, 학력, 가구원 수, 주거 동(洞), 주택유형 중 최소한 몇 개 변수의 통계적 분포를 검토하였어야 했다. 참석 의향이 있다고 응답한 사람들을 무조건 선거인단으로 확정하지 말고, 각종 속성 범주의 모집단 비율을 토대로 선별함으로써 표본의 대표성을 높였어야 했다. 그리고 선거인단 구성이 타당한지도 사전 검토했어야 했다. 앞의 모 정당 경선 사례에서는 어느 한 집에서 2명 이상이 선거인단에 포함되기도 했다는데 이는 추출 전화번호나 주소의 중복성을 체크해보았더라면 사전 차단할 수 있었을 것이다.

이와 같이 한 단계의 검토와 선별 작업을 하면 대표성이라는 질(質)이 제고되는 반면 선거인단 크기라는 양(量)은 저하된다. 양과 질이 충돌할 때 조사전문가들은 질을 취한다. 질을 희생한 양은 아무 소용이 없기 때문이다. 조사전문가의 자문 없이 아마추어들끼리 엉성하게 조사를 기획하고 과감하게 밀어붙인데 대해 개탄을 금할 수 없다. 그로 인한 직접적 피해는 억울하게 당한 낙선 후보자에 가지만 결국은 국민에게 피해가 돌아갈 것이다. 여론조사에 대해 불신이 번질까 두렵다. 우리나라 정당들이 국민 기대에 부응하는 수준으로 성숙해지길 희망한다.

어떻게 하면 통계조사에서 성공할 수 있나? 이것이 통계조사론 학습의 목표이다.

읽어보기

- 박무익 (2000). “우리나라 조사산업의 현황과 전망”, <조사연구> 1권 2호, 161-177. [한국갤럽이 1989년, 1993년, 1997년, 2000년에 실시한 《여론조사에 대한 여론조사》의 결과를 정리하여 소개하였고 우리나라 조사 산업의 현황을 살펴보고 문제점을 지적하였다. 이 글은 쓰여진지 10여년이 지났음에도 불구하고 우리나라 조사업의 선구자인 저자의 통찰력을 보여준다.]

2장. 조사계획 PLANNING

이 장에서는 통계조사 중 설문지 조사(questionnaire survey)를 위주로 조사목적의 기술, 조사대상의 선정, 조사방법의 결정, 일정표 작성 및 예산 등 조사계획(survey planning) 단계에서 해야 할 사항들을 사례를 들어 기술한다.

1. 조사목적

어느 통계조사에서나 조사목적을 명확하게 기술하는 일은 매우 중요한 일이다. 왜 이 조사가 필요한지를 조사 주관자 스스로가 분명하게 인식하고, 이슈를 좀 더 명확히 도출하기 위하여 8명 내외의 의견수렴집단, 즉 포커스 그룹(focus group)을 구성하여 세부적 목적과 내용을 개발할 필요가 있다. 조사목적이 정해지면 글로 써서 문서화하고 관련자들이 그 문서를 회람할 수 있게 조치해야 한다.

1994년 1학기 고려대학교 학부 세미나 과목에서 학생 프로젝트로 수강생들 스스로가 정한 조사목적을 소개하면 다음과 같다. 각 조의 구성원은 3명이었다.

> 1조: [고대와 연대에 재학중인 여대생들의 소비성향 및 성의식 비교분석] 고대와 연대에 재학중인 여학생들을 대상으로 소비성향과 성의식에 대하여 학교와 학년별 차이를 알아보고자 한다.
>
> 2조: [기업 이미지 및 럭키금성(LG) 그룹의 마케팅전략에 관한 고찰] 최근 간접적인 마케팅전략 차원에서 기업 이미지 조사가 활발히 진행되고 있다. 본 연구에서는 기존의 기업 이미지 조사와는 달리 취업대상자인 대학생의 개인성향과 취업희망기업을 조사하고 일반적인 기업 이미지 조사를 병행하고자 한다. 그리고 더 나아가서, 국내 4대 기업군(삼성·LG·대우·현대)의 이미지를 비교분석한다. 또한 이 결과를 바탕으로 최근 고객만족 경영을 위하여 활발한 마케팅 활동을 하고 있는 LG 그룹의 마케팅 전략의 문제점과 그 효과를 다음과 같은 내용으로 살펴보고자 한다.
>
> - 경제발전 기여도, 환경보호, 사회환원, 사원복지, 연구개발, 인재양성, 인사관리, 채용의 공평성, 노사화합 등의 기업 이미지 변수를 조사하고 분석한다.
> - 개인의 성격과 라이프스타일을 설명변수로 하고 취업 희망기업을 종속변수로 하여 통계적 모형 분석을 한다.

- LG 그룹의 마케팅믹스를 분석한다.

3조: [고대내 학과별/선후배간 인식도 비교연구] 고대내의 선배와 후배들이 느끼는 학교문화의 변천과정과 그 속에서 변해가는 선후배의 가치관을 통해 고대를 고대답게 하는 것이 무엇이고, 우리가 지켜 나가야 할 문화는 어떠한 것인가에 대하여 알아보고자 한다.

- 88,89학번의 학생과 93,94학번의 학생이 생각하는 고대문화 및 가치관의 차이를 알아본다.
- 학과 간 인식도의 차이를 알아본다.
- 객관적 관점을 유지하면서 작성된 설문지와 의도된 답을 유도하는 설문지 간 응답자 반응 차이를 알아본다.

4조: [남녀공학대학과 여자대학의 여학생 의식조사] 남녀공학대학에 재학중인 여학생과 여자대학에 재학중인 여학생 사이에는 대학생활, 이성관, 사회정치의식 및 취업관 등에 차이점이 있을 것이라 생각된다. 이에 남녀공학대학으로 고려대학교를 선정하고 여자대학교로 성신여자대학교를 선정해서 두 유형의 대학이 다음 항목에서 차이가 있는지 비교해보고자 한다.

- 대학생활에 있어 두 유형의 대학간에 차이가 있는가?
- 이성관과 결혼관에 있어 두 유형의 대학간에 차이가 있는가?
- 시사적인 측면에서 두 유형의 대학간에 차이가 있는가?
- 국내기업의 성차별에 관한 인식에 있어 두 유형의 대학간에 차이가 있는가? 또 직업의식에 있어 두 유형의 대학간에 차이가 있는가?

5조: [자식의 부모에 대한 호칭과 부모와의 친밀도에 관한 비교연구] 부모에 대한 호칭은 여러 환경에 따라 다를 수 있으며, 호칭이 부모와의 친밀도에 영향을 미칠 것이라 예상할 수 있다. 따라서 본 연구는 고려대학교 남녀 재학생을 대상으로, 부모에 대한 호칭이 인구통계적 요인에 따라 차이가 있는지, 호칭에 따라 부모와의 친밀도에 차이가 있는지를 알아보고자 한다. 그리고 중간항의 유무라는 설문지의 유형에 따라 응답자의 반응에 차이가 있는지를 알아보고자 한다.

우선 길이에 있어 앞의 다섯 프로젝트가 상당한 차이를 보이고 있는데 1조의 것이 가장 짧고 2조의 것은 가장 길다. 1조는 조사대상과 핵심적인 조사목적만 기술한데 반하여, 2조는 대상과 목적 외에도 조사배경과 중점적인 조사항목들이 열거되어 있다. 어느 쪽도 괜찮다고 생각된다.

일반적으로 조사목적의 수립시 고려해야 할 것은 제반 현실적 여건이라고 할 수 있어 경우에 따라 매우 다르기 때문에 여기서는 조사목적의 기술에 국한하여 논의하기로 하겠다.

가장 중요한 것 하나는 글을 문법적으로 옳고 문맥이 통하게 해야 한다는 것이다. 어떤 글도 정확하게 쓰여져 있지 않으면 아무리 좋은 생각을 담고 있다해도 소용없게 된다. 각설하고, 4조의 경우를 예로 보자.

<고치기 전>

남녀공학대학에 재학중인 여학생과 여자대학에 재학중인 여학생 사이에는 대학생활, 이성관, 사회정치의식 및 취업관 등에 차이점이 있을 것이라 생각되어 남녀공학대학은 고려대학교를 선정하고 여자대학교는 성신여자대학교를 선정해서 두 대학유형의 특징을 다음과 같은 연구를 통하여 알아보고자 한다.

너무 길다. 너무 긴 글을 읽을 때는 숨이 차기 마련이다. 그리고 조사 두군데와 한 어귀가 별로 적당하지 않다. 그래서 다음과 같이 고쳤다.

<고친 후>

남녀공학대학의 여학생과 여자대학의 여학생 사이에는 대학생활, 이성관, 사회정치의식 및 취업관 등에서 차이가 있을 것이라 생각된다. 이에 남녀공학대학으로 고려대학교를 선정하고 여자대학으로 성신여자대학교를 선정하여 두 유형의 대학이 다음 항목에서 차이가 있는지 비교해보고자 한다.

다른 한 예로 2조의 것을 고치기 전후로 나누어 비교해 보자. 고치기 전의 글은 군더더기 말이 많고 그러다 보니 맥이 중간중간 끊어져 있다. 글은 가능한 한 간결하게 써야한다.

<고치기 전>

각 기업들은 경영적 손실을 최소화하기 위한 일환으로 마케팅전략을 세워왔으며, 실제 여러 기관에 의해서 기업 이미지 조사가 활발히 진행되어 왔다. 본 연구에서는 기존의 기업 이미지 조사와는 달리 취업대상자인 대학생의 개인성향에 따른 취업희망기업을 조사하여 소비자이자 장차 기업의 구성원이 될 대상으로부터 간접적으로 기업 이미지를 유추해내는 방법과 일반적인 기업 이미지 변수에 의한 방법을 병행하는 새로운 방향의 조사방법을 통하여 접근하고자 한다. 그리고 더 나아가서, 전년('93년) 광고비 지출이 가장 많은 국내 4대 기업(삼성·LG·대우·현대)을 별도로 비교분석한다. ... (후략)

<고친 후>

최근 간접적인 마케팅전략 차원에서 기업 이미지 조사연구가 활발히 진행되고 있다. 본 연구에서는 기존의 기업 이미지 조사와는 달리 취업대상자인 대학생의 개인성향과 취업희망 기업을 조사하고 일반적인 기업 이미지 조사를 병행하고자 한다. 그리고 더 나아가서, 국내 4대 기업군(삼성·LG·대우·현대)의 이미지를 비교분석한다. ... (후략)

2. 조사대상

조사의 대상, 즉 모집단의 선정은 원칙적으로 조사목적에서 파생되는 것이지만 현실적 여건을 충분히 고려하여 결정하여야 한다. 경우에 따라서는 타협이 필요하다. 예를 들어 5조「자식의 부모에 대한 호칭과 부모와의 친밀도에 관한 비교연구」의 경우를 보자.

> ...(전략) 본 연구는 고려대학교 남녀 재학생을 대상으로, 부모에 대한 호칭이 인구통계적 요인에 따라 차이가 있는지 ...(중략)... 알아보고자 한다.

이 주제에 관한 연구의 대상을 좀 더 넓게 서울시내 대학교 재학생을 대상으로 한다든지 하면, 여기서처럼 고려대학교 재학생을 대상으로 하는 것보다 훨씬 의미있는 연구결과물이 나오리라고 누구나 예측할 수 있을 것이다. 그러나 조사연구자의 조직과 예산 및 시간이 넉넉하지 못한 사정에서는 욕심으로 조사대상을 무리하게 넓히는 것보다 적절하게 조사대상을 좁혀 완성도를 높이는 것이 훨씬 바람직하다. 용두사미(龍頭蛇尾) 보다는 차라리 사두사미(蛇頭蛇尾)가 낫다.

어떤 경우에는 조사대상을 좁히다보면 예기치 못하게 조사목적 자체가 흔들거리게 된다. 4조의「남녀공학대학과 여자대학의 여학생 의식조사」의 경우를 보자.

> 남녀공학대학에 재학중인 여학생과 여자대학에 재학중인 여학생 사이에는 대학생활, 이성관, 사회정치의식 및 취업관 등에 차이점이 있을 것이라 생각된다. 이에 남녀공학대학으로 고려대학교를 선정하고 여자대학교로 성신여자대학교를 선정해서 두 유형의 대학이 다음 항목에서 차이가 있는지 비교해보고자 한다. ... (후략)

"여학생의 경우 남녀공학과 여자대학 어느 쪽이 나은가?"에서 출발한 이 연구가 조사대상을 각 유형의 대학 하나씩으로 제한하다 보니, 조사결과가 남녀공학과 여자대학의 차이인지 고대와 성신여대의 차이인지 구별할 수 없게 되고 말았다.

따라서 조사결과는 이런 면에서 제한적일 수밖에 없을 것이고, 이런 한계를 보고서에 명확하게 기술하여야 할 것이다.

좁은 대상의 조사연구라도 보다 넓은 대상의 여러 구역에서 반복되면, 조사연구결과에 대한 종합분석인 메타분석(meta-analysis)을 가능하게 한다. 따라서 자기의 조사연구가 보다 큰 조사연구를 위한 초석이 된다고 생각하자. 과욕은 금물이다.

3. 조사방법

설문지조사의 경우 조사방법을 크게 구분하면 면접조사, 우편조사, 전화조사, 인터넷 조사 등이 있다. 이들은 각각 다른 특성이 있다. 면접조사와 우편조사를 비교해 보면 우선 수거설문지 1매당 조사비용에서 상당한 차이가 난다.

면접조사의 경우 면접원이 필요하게 되는데, 따라서 상당한 인건비가 소요되는 것이다. 일 예로 설문지 1매 완성하는 데 이동시간을 포함하여 평균 2시간이 걸리고 면접원의 1일 여덟시간 인건비가 10만원이라고 하면 설문지 1매당 면접원 인건비(+활동비)만으로도 10/4만원 즉 25,000원이 소요된다. 이에 비하여 우편조사는 수거설문지의 경우 왕복우편 요금 정도(약 1,000원)를 조사자가 부담하면 되므로 비용이 훨씬 저렴하다. 따라서 우편조사가 훨씬 경제적이다.

그러나 "싼게 비지떡"이라는 말이 있지 않은가? 우편조사를 하면 반송용 우표만 떼어먹는 응답자들이 있어서 설문지 회수율(= 응답률)이 상당히 떨어진다. 응답률이 5% 미만인 경우도 종종 있다. 물론 면접조사의 경우에도 표본으로 선정된 응답대상자가 면접을 거부하는 수가 있고 또는 면접원이 응답대상자를 만나지 못하는 경우도 있어 면접 성공률이 꼭 100%가 되는 것은 아니지만 어느 정도의 성의를 갖고 조사하면 80% 정도의 응답률을 달성할 수 있다.

비용이 덜 쓰이는 우편조사를 하되 응답률을 늘리려면 어떻게 하여야 하는가? 그 답은 응답자에게 인센티브(incentive)를 주면서 후속우편을 수차례 계속 보내는 것이다. 대표적인 인센티브는 사례품이거나 사례금이다. 유선방송(CATV)에 관한 조사연구에서 사례금에 따라 설문지 응답률이 어떻게 다른지를 연구한 James와 Bolstein(1990)의 조사결과를 오인환(1992, 52쪽)은 표 1과 같이 인용하였다.

이 결과에서 우리가 얻는 교훈 몇 가지는 다음과 같다. ① 연구자들의 왕성한 실험정신이 돋보인다. 한 방식을 일률적으로 취하지 않고 계획적으로 여러 방식을 비교해보았다. ② 여러 번 우송하는 끈기이다. 각 경우에 네 번까지 우송하여

표 1: CATV 조사에서의 사례금과 응답률의 관계

누계응답률	사례금無	25 ¢	50 ¢	1 $	2 $
첫번째 우송	54%	63%	63%	73%	78%
두번째 우송	72%	75%	78%	88%	88%
세번째 우송	83%	83%	83%	92%	95%
네번째 우송	88%	86%	87%	93%	96%
응답자 수	168명	169명	168명	169명	170명

* 사례금은 첫번째 우편에만 넣었고 후속 우편에는 더 이상 넣지 않았다.

최종응답률이 첫번째 우송후 응답률에 비해 최대 34% 포인트까지 증가하였다. ③ 첫번째 우송후 응답률을 사례금 수준에 따라 보면 액수가 50 ¢ 에서 1$로 커지면서 상당히 증가한 것을 볼 수 있다 (응답률 63%에서 73%로). ④ 두번째 우송정도까지 하는 것이 대개의 현실인 점을 감안하면 사례금을 1$ 정도로 하는 것이 좋을 것 같다 (이 경우 누적 응답률은 88%).

금전적으로 인센티브를 주는 방법 대신 비(非)금전적으로 인센티브를 주는 방법도 있다. 수년전 저자가 참여하였던 한 통계조사에서는(우편조사는 아니었고 면접조사였지만) 응답자들에게 조사결과보고서의 주요부분을 나중에 우송하겠다고 약속함으로써 응답자들로부터 상당한 호응을 얻을 수 있었다. 물론 후일 약속을 꼭 지켜야하므로 이로 인해 추가비용이 드는 것은 사실이지만 우편조사에서도 이렇게 함으로써 설문지 응답률을 높일 수 있을 것이다.

우편조사에서 응답률을 높일 수 있는 둘째 방법은 조사에 앞서 예고편지를 보내는 방법이다. Wiseman(1972)이 행한 보스턴 근교 주민들의 정책선호에 관한 의견조사에서 사전통지가 없었던 우편조사의 경우는 응답률이 47%였으나 사전통지를 한 우편조사의 경우는 응답률이 67%로서 20% 포인트가 차이가 났던 것이다 (오인환, 1992, 39쪽). 조사대상이 되는 응답자들에게 사전에 일방적으로나마 통고를 하는 것이 응답율을 높이는 데 효과적인 것으로 보인다.

뚜렷한 증거는 없으나, 설문지의 디자인을 예쁘게 한다든지, 반송우편용으로 특별한 기념우표를 넣는다든지 (요금별납 또는 수취인후납 등의 우편 스탬프와 반송용 엽서는 좋지 않을 것이고), 조사주관자의 친필 서명 등 자질구레한 것들도 응답률을 높이는 데 기여할 것으로 생각된다.

전화조사는 매스컴이 주관하는 각종 여론조사에서 자주 쓰이는 조사방법이다. 이 방법의 장점으로는 면접조사에 비해 적은 비용으로 조사할 수 있다는 것이다 (응답 설문지 1매당 10,000원 정도). 그러나 다음과 같은 몇 가지 문제점이 있다.

우리나라 매스컴에서는 응답률을 제대로 밝히지 않고 있어 응답률에서 문제가 없어 보이지만 실제로는 조사거절율이 40-50%에 달하고 있다. 조사거절이나 부재자를 너무 쉽게 예비응답자로 대치하는 것이 현실이다. 표집에 있어 대표적인 문제점은 전화조사의 프레임(frame)이 되는 전화번호부가 완벽하지 못하다는 것이다. 모든 가구에 유선전화가 연결되어 있는 것이 아니고 더욱이 전화가 있는 가구의 일부는 스스로 전화번호부에 등재되는 것을 원하지 않기 때문에 누락되어 있다. 또한 전화번호부에는 이주가 빈번한 가구가 소외되기 쉽다. 이와 더불어 사회심리적 측면에서 전화조사의 문제는 응답자들이 속마음으로 답하지 않는다는 사실이다 (특히 우리나라와 일본의 경우에는). 따라서 전화조사는 간단한 사실에 대한 조사 정도 외에 정치사회적 견해나 밀도 있는 개인적 정보 등에 관련된 조사로는 적합하지 않다.

이상으로 면접조사, 우편조사, 전화조사 등에 대하여 알아봤는데 이외에도 여러 조사방식이 있을 수 있다. 대표적으로, 자기식 조사(自記式 調査) 및 집단조사(集團調査)와 자발적 참여라는 점에서 기존의 조사방식과 전혀 다른 패러다임의 인터넷 조사(internet survey) 등이 있다.

자기식 조사는 면접원이 방문하여 응답대상자 근무지(또는 주거지)에 설문지를 떨어뜨려놓고 일정시일 후 수거하는 방식을 취한다. 따라서 응답율이 면접조사보다 높게 된다는 장점이 있다. 실제 저자는 수년전 한 은행 조사부에서 주택건설경기예측 조사를 이런 방식으로 하는 것을 봤었는데, 그 조사에서 면접대상자는 주택건설업체의 임원급(이사 이상)이었다. 응답호응도는 상당히 높은 편이었으나 실제 수거된 설문지가 응답대상자 본인이 기록한 것인지 그의 부하직원이 기입한 것인지를 확인할 길이 없었다. 우편조사도 대리기입의 소지가 있는 것은 마찬가지이다.

집단조사는 한 그룹의 응답대상자들을 모아놓고 설문지를 배부한 후 응답된 설문지를 현장에서 회수하는 방식의 통계조사이다. 그 동안은 학교 등에서 자주 사용되어 왔지만, 앞으로는 소비자 조사 등에서 실제 제품의 데모나 비디오 상영의 필요성이 증가할 것이기 때문에 집단조사가 빈번히 사용될 것으로 보인다. 다수의 응답대상자를 한 곳에 모아놓아야 하기 때문에 행정 조직의 뒷받침이 있어야만 가능하다.

인터넷 조사는 시간적·비용적 면에서 효율이 높음에도 불구하고 기술정보 지향적인 특정계층(주로 젊은 남성, 높은 교육수준)의 사람들만 접근할 수 있으므로 일반적인 사회조사로서의 가치는 희박한 것으로 생각된다. 더욱이 자원자를 모집하여 조사한 경우에는 사회심리적 편향이 생길 가능성이 크다. 인터넷 사용자(자원자)와 비사용자(비자원자) 사이에는 성별, 연령, 학력, 라이프 스타일, 직업 등

인구통계적·사회문화적 요인에서 상당한 차이가 있기 때문이다. 따라서 인터넷 조사의 결과는, 아무리 표본크기가 크다고 하더라도, 어디까지나 인터넷 사용자들의 의견일 뿐 일반인들의 대표적인 의견으로 간주하기 어렵다. 그러나 앞으로 인터넷 사용이 현재의 전화 쓰듯이 일반화된다면 이야기는 달라질 것이다.

인터넷 조사 외에 최근에는 휴대폰에 의한 모바일 조사, ARS 조사 등이 생겨났다. 모바일 조사는 응답자의 재택률에 영향받지 않는다는 장점이 있는 반면 표집 프레임이 분명하지 않다는 단점이 있다. 반면 ARS 조사는 일반 전화조사와 같이 전화번호부를 표집 프레임으로 하고 조사비용이 저렴하지만 응답률이 너무 낮아 문제이다.

조사방법을 무엇으로 할 것인가는 조사대상, 주관조직, 예산 및 조사일정 등과 관계가 있으므로 일반적인 가이드라인을 내기는 어렵다. 그러나 한 가지 아이디어는 다원적인 조사방법을 선택할 수도 있다는 것이다. 예컨대 조사대상자의 1/4은 면접조사로 접근하고 조사대상자의 3/4은 우편조사로 접근한다든지 하는 것이다. 이 경우 재미있는 결과가 나올 수도 있을 것이다. 우선 응답률을 비교해 볼 수 있을 것이고 면접조사와 우편조사에서의 응답자 반응에 어떠한 차이가 있는지 알아볼 수도 있을 것이다.

4. 일정 및 예산

통계조사는 워낙 여러 단계로 구성되어 있기 때문에 일정을 세워 프로젝트 전체를 관리해나가지 않으면 중대한 차질을 빚기 쉽다. 통계조사의 일정은 일정표를 세워 관리하는 것이 좋다. 표 2를 보라.

표 2: 통계조사 일정표 (예)

	01	02	03	04	05	06	07	08	09	10
조사계획	*	*								
설문지		*	*							
표본추출			*	*						
본조사					*	*				
자료입력						*	*			
자료분석								*	*	
보고서									*	*

표 2는 일정표의 한 예일 뿐이다. 우편조사의 경우라면 제2차 우송(또는 제3차 우송)까지 미리 예정에 잡아두는 것이 좋으므로 본조사 일정을 약 2주(또는 4주)정도 더 길게 잡아야 할 것이다. 면접조사의 경우라도 응답대상자의 부재가능성이 큰 경우 제2차 시도(또는 제3차 시도)까지는 생각해 두어야 한다. 그러나 시사적인 의견조사는 기간을 너무 길게 잡을 수 없다.

예산의 편성도 조사계획에서 매우 중요한 일부분이다. 조사목적, 조사방법, 조사일정이 수립된 시점에서라면 일정표에 따라 각 단계에서 어느 정도의 경비가 들것인가를 추정해내야 한다. 이 때 특히 빠뜨리지 말아야 할 것은 응답자에 대한 사례품 비용이다. 사례품은 응답률을 높이는 데 기여할 뿐만 아니라 성의 있는 응답을 유도하는 데에도 한 역할을 한다.

3장. 설문지 QUESTIONNAIRE

이 장에서는 조사표로서의 설문지(questionnaire)를 어떻게 작성하여야 하는가를 강의한다. 구체적으로 설문지의 구성, 설문의 형식, 세부사항 및 설문지의 보완을 위한 사전테스트(pretest) 등에 대하여 설명하고 설문지의 보기를 제시한다.

1. 설문지의 구성

제대로 된 통계조사는 반드시 조사표를 필요로 한다. 조사표의 종류는 조사내용과 대상에 따라 상당히 다르지만 여기서는 일반적인 사회조사에 주로 쓰이는 설문지를 생각하기로 하겠다. 설문지는 대략 세 부분으로 구성된다고 할 수 있다. 첫째 부분은 겉장으로서 조사에 관하여 배경을 설명하고 응답자의 협조를 바라는 조사주관자의 글이다. 둘째 부분은 본조사 항목이다. 그리고 셋째 부분은 응답자의 인정사항, 즉 인구통계적 배경에 관한 설문이다. 이 같은 차례는 어디까지나 설문지에 나타나는 순서일 뿐이고 설문지 작성시에는 그 반대 순서로 작업하는 것이 보통이다.

인구통계적 변인이라고 함은 응답자의 성별, 나이, 주거지(출신지), 교육수준, 직업(사회적 지위), 소득수준(경제적 지위), 문화적 성향(라이프 스타일) 등을 말한다. 이러한 인정사항들을 조사하는 첫째 이유는 본조사 항목에서의 반응을 제 인구통계적 변인의 범주에 따라 자료를 분할하여 보기 위해서이다. 예컨대, 사회개혁에 대한 지지율을 산출하는 데 있어서 조사자료를 전체로뿐만 보는 것이 아니라, 응답자의 나이대(20대, 30대, 40대, 50대, 60대+)별 지지율을 각각 구하여 어떠한 차이가 있는가를 볼 필요가 있다.

인정사항을 조사하는 둘째 이유는 조사된 표본이 모집단을 정말 대표하는가를 검토하기 위해서이다. 예컨대, 표본의 성별 · 나이대별 구성비율이 모집단의 것과 유사하다는 것을 보이려는 의도에서 인적사항들을 설문하게 된다.

인정사항에 관한 설문들은 설문지의 마지막 장에 두는 것이 좋다. 왜냐하면 예컨대 교육수준에 관한 설문은 저학력 응답자들을 기분 나쁘게 할 수 있는데, 만약 본조사 항목에도 들어가기 전에 그렇게 된다면 응답오류 및 부실기재의 가능성이 높아지기 때문이다.

인적사항 중 소득수준과 같은 것에 대하여는 신뢰적인 측정이 어렵다. 따라서 결과분석 시 꼭 이에 관한 정보가 필요하지 않다면 설문지에 넣지 않는 것이 좋다. 만약 응답자의 소득을 꼭 알아야 하는 경우에는

월소득이 얼마입니까? __________ 만원

과 같이 금액을 직접 기입하도록 요구하는 것보다는

월소득이 얼마쯤입니까? ( )

① 99만원 이하 ② 100-199만원 ③ 200-299만원
④ 300-399만원 ⑤ 400-499만원 ⑥ 500만원 이상

과 같이 답지를 주어 택일형으로 질문하는 것이 좋다. 설문의 유형에 관하여는 다음 절에서 더 이야기하도록 하겠다.

본 조사항목에 관한 설문을 작성할 때는 처음부터 구체적으로 들어가는 것보다는 전체적인 윤곽을 먼저 잡고 세부적으로 들어가는 방법을 취하는 것이 좋다. 이것은 마치 그림을 그릴 때 전체적인 구도를 잡고 점차적으로 세부적 묘사에 들어가야 하는 것과 같다. 예를 들어, '교수의 연구업적 평가에 관한 의견조사'의 설문지 설계시

1) 연구업적이란 무엇인가? (개념의 정의)
2) 연구업적들의 예들은 어떤 것들이며 어떻게 분류될 수 있는가? (범주화)
3) 개별 업적의 상대적 중요도는 어떻게 수량화될 수 있는가? (수량화)
4) 공동업적의 경우 개인의 몫은 얼마쯤인가? (주변적 사항)

등 몇 개의 단계로 나누어 생각하는 것이다.

설문지의 겉장에는 조사의 배경과 목적을 말하여 응답자의 협조를 공손하게 부탁하는 인사말을 쓰고 조사주관자의 신원(이름 및 연락처, 전화번호)을 밝혀야 한다.

인사말 중에는 조사결과가 통계적인 형태로만 쓰일 것이라는 것을 분명하게 기술한다. 물론 조사자는 이 약속을 지켜야 한다. 대개의 통계조사에서는 응답자의 신원이 조사지에 직접 드러나지 않도록 배려하므로써 응답자들을 안심시킨다. 그러나 무응답자에 대하여 제2차, 제3차 접근이 필요하여 조사지 기입자의 신원을 기록할 필요가 있는 경우는 그것을 밝혀야 한다. 다시 말하자면, 응답자의 신원이 파악될 수 있도록 응답자들 몰래 관리 코드를 둔다든지 하는 수법을 쓰는 것은 윤리적이지 못하다.

2. 설문의 형식

설문(질문)의 내용이 정해졌으면 그것을 어떤 형식으로 물어보아야 할지를 생각하게 된다. 예컨대 여러 보기를 주고 그 중 하나를 선택하게 할 수도 있고 여럿을 선택하게 할 수도 있으며 그것들을 순위화하도록 할 수 있다. 또는 주어진 설문에 대해 동의하는 정도를 등급화하도록 하거나 더 나아가 주어진 주제에 대한 응답자의 의견이 자유스럽게 진술되도록 할 수도 있다. 이렇게 여러 가능성이 있어도 각 설문마다 적절한 형식이 있기 마련이다. 예를 들어보자.

대통령이 장관을 선택할 때 무엇을 가장 중요하게 고려해야 한다고 생각합니까?

1. 행정경험 2. 도덕성 3. 인화력 4. 친분관계 5. 출신지역

이 경우 택일형(single choice)의 설문은 적절하지 않다. 왜냐하면 각료의 인선에서는 행정경험, 도덕성, 인화력, 친분관계, 출신지역 등을 종합적으로 고려할 것이기 때문이다. 따라서 그 중에서 하나를 꼽으라는 설문은 지나친 단순화를 초래한다. 그러면 이것을 어떻게 바꿀 수 있을까? 다음 대안을 생각해보자.

대통령이 장관을 선택할 때 다음 항목 각각을 어느 정도 중요하게 고려해야 한다고 생각합니까?

	아주 중요하게	중요하게	보통으로	중요 하지 않게	전혀 중요 하지 않게
1. 행정경험	①	②	③	④	⑤
2. 도덕성	①	②	③	④	⑤
3. 인화력	①	②	③	④	⑤
4. 개인적 친분	①	②	③	④	⑤
5. 출신지역	①	②	③	④	⑤

다음 설문은 택일형도 괜찮고 앞에서와 같이 5점 척도(또는 7점 척도)의 평점화(rating) 형식도 좋은 경우이다.

우리나라 역대 대통령 중에서 가장 뛰어난 업적을 남긴 사람은?

1. 이승만 2. 윤보선 3. 박정희 4. 전두환 5. 김영삼

같은 질문을 다음과 같이 순위화(ranking)나 여럿을 택하는 선다형/다중응답형(multiple choice/multiple response)으로 바꾸는 것도 생각해볼 수 있다.

우리나라 역대 대통령 일곱 명을 뛰어난 업적을 남긴 순서로 배열한다면?

- 뛰어난 업적을 남긴 대통령일수록 앞 쪽에 배열합니다.

(   ) - (   ) - (   ) - (   ) - (   )

· 이승만 · 윤보선 · 박정희 · 전두환 · 김영삼

우리나라 역대 대통령이 남긴 업적을 부정적 또는 긍정적으로 평가하여 주시기 바랍니다.

1. 이승만 : 부정적 ( ), 긍정적 ( )
2. 윤보선 : 부정적 ( ), 긍정적 ( )
3. 박정희 : 부정적 ( ), 긍정적 ( )
4. 전두환 : 부정적 ( ), 긍정적 ( )
5. 김영삼 : 부정적 ( ), 긍정적 ( )

역대 대통령들에 관한 앞의 설문들은 엄밀한 의미에서는 각기 조금씩 다르다. 따라서 조사결과보고서는 설문의 어구(語句, wording)가 무엇이었는지를 알 수 있도록 원문을 그대로 기재하여야 한다.

5점 척도(5-point scale)는 가장 빈번히 활용되는 설문의 형식이다. 강하게 찬성 또는 선호하는 경우 1점을, 다소 찬성 또는 선호하는 경우 2점을, 보통이면 3점을, 다소 반대 또는 비선호하는 경우에 4점을, 강하게 반대 또는 비선호하는 경우 5점을 부여한다. 또는 그 반대로 강하게 반대 또는 비선호하는 경우를 1점으로, ···, 강하게 찬성 또는 선호하는 경우를 5점으로 할 수도 있다. 응답자의 판단 또는 인지수준이 높은 경우에는 5점 척도 대신 7점 척도를 쓴다.

5점 척도 또는 7점 척도화에서, 우리 사회에서는 긍정적·부정적 의사를 뚜렷하게 표현하는 것을 꺼리기 때문에 ·부정적인 응답 대신 중간항을 선택하는 경향이 있다. 예를 들어 보자.

다음 라면들을 시식해 보고 의견을 말해주십시오. 해당 항에 ○표를 해주십시오.

	아주 좋다	약간 좋다	보통	약간 나쁘다	아주 나쁘다
시제품 15 :	+2	+1	0	-1	-2
시제품 04 :	+2	+1	0	-1	-2
시제품 33 :	+2	+1	0	-1	-2
시제품 28 :	+2	+1	0	-1	-2

이와 같이 5점 척도로 하는 경우 '아주 좋다'와 '아주 나쁘다' 등 양 끝의 응답은 거의 없게 되고 '보통'에 응답이 쏠리는 경향이 있게 되는데 응답자들의 보다 분명한 의사 표현을 유도하기 위해서 다음과 같이 4점 척도로 설문할 수도 있다.

다음 라면들을 시식해 보고 의견을 말해주십시오. 해당 항에 ○표를 해주십시오.

	아주 좋다	약간 좋다	약간 나쁘다	아주 나쁘다
시제품 15 :	+2	+1	-1	-2
시제품 04 :	+2	+1	-1	-2
시제품 33 :	+2	+1	-1	-2
시제품 28 :	+2	+1	-1	-2

자유기술을 요구하는 개방형질문(open questions)도 유용한 설문 유형의 하나이다. 특히 응답자들이 동일한 조직의 구성원일 경우 개방형 질문에 대한 호응도가 높고 수준높은 응답을 이끌어내는 데 효과적이다. 다만 응답자료의 처리시 범주화, 코딩화 등의 다소 번거로운 절차가 필요하다.

3. 세부사항

이 절에서는 설문지를 어떻게 찍어내야 좋은가에 대하여 이야기한다.

첫째로는 응답자들에게 산뜻하게 보이도록, 문법적으로 올바른 문장으로, 응답자들이 쉽게 읽을 수 있도록 편집되고 프린트되어야 한다. 같은 버전의 한글(hwp)을 써서 워딩하더라도 편집 실력에 따라 설문지가 상당히 다르게 보인다. 철자나 띄어쓰기가 틀린다든가 설문을 문법적으로 옳지 않게 써 가지고는 성의 있는 응답을 기대하기 어렵다.

설문지 조사(특히 자기식 조사)에서 선행설문의 응답에 따라 후행설문이 달라지는 경우, 이에 대한 친절하고 정확한 안내가 있어야 한다.

예를 들어본다. 고려대학교 졸업생들을 대상으로 하는 설문지이다.

10. 고려대학교 재학시 제2외국어 과목을 수강한 경험이 있습니까?

① 수강경험이 없다. ( ) → 문항 11로
② 수강경험이 있다. ( ) → 문항 10-A로

10-A. 제2외국어 교육의 전반적인 질을 어떻게 평가하십니까?

① ② ③ ④

10-B. 제2외국어 교과의 운영시 어떤 점이 개선되어야 한다고 생각됩니까?

① ② ③ ④

이와 같이 지시하면 설문 10에서 ①에 응답해 놓고도 설문 10-A와 10-B에 또 응답하는 실수나 설문 10에 ②로 응답해 놓고 설문 11로 뛰어넘는 실수가 드물지 않게 발생할 것으로 예상된다. 이는 물론 응답자가 설문을 잘 읽어보지 않았기 때문이지만 다음과 같이 설문번호가 매겨지도록 설문지를 편집한다면 응답자가 실수를 범할 가능성이 줄지 않을까 싶다.

10. 고려대학교 재학시 제2외국어 과목을 수강한 경험이 있습니까?

① 수강경험이 없다. ( ) → 문항 11로
② 수강경험이 있다. ( ) → 문항 10-A로

(설문 10에서 ②로 응답한 응답자에 한하여)

10-A 제2외국어 교육의 전반적인 질을 어떻게 평가하십니까?

① ② ③ ④

10-B 제2외국어 교과의 운영시 어떤 점이 개선되어야 한다고 생각하십니까?

① ② ③ ④

(수고하셨습니다. 설문은 11번으로 계속됩니다)

둘째로는 나중에 코딩이 쉽도록 설문지가 편집되고 인쇄되어야 한다는 것이다. 설문지 편집의 경험이 없다면 국내외 국가 통계작성 기관이나 유명 조사전문회사의 설문지를 참조할 필요가 있다. 또한 미리 코딩 설계를 해두는 것이 좋다. 이에 관하여는 이후 6장에서 다시 이야기하겠다.

4. 문제되는 설문

설문 중에는 고의건 그렇지 않건 간에 한 쪽으로 편향될 수 있는 것이 있다. 대표적으로는 일부 응답의 좋은 면을 부각시키는 것인데 예를 들자면 일반시민 대다수를 위하여 지하철노조의 파업은 법적으로 금지되어야 한다고 생각하십니까?

예 ( ), 아니오 ( )

와 같은 설문이다. 지하철노조 파업을 법적으로 금지해야 한다는 응답을 유도하고 있기 때문이다. 그러나 다음 설문

지하철노조의 파업은 법적으로 금지되어야 한다고 생각하십니까?

예 ( ), 아니오 ( )

에는 그런 편향이 없다. 답지의 길이가 들쭉날쭉한 설문도 편향된 경우에 해당한다. 따라서 가급적 답지의 길이를 균등하게 하는 것이 좋다.

모호한 설문은 응답자를 당혹스럽게 하기 때문에 문제가 된다. 대표적으로는 답지가 중복될 수 있는 경우인데 예를 들자면

당신은 다음 중 어떤 직장 상사가 좋습니까?

① 인생 상담을 잘 해주는 상사
② 규정 외의 업무를 시키지 않는 상사

와 같은 설문이다. 이 설문의 답지들은 중복가능성이 있다. 그러나 다음 설문에는 그런 문제가 없다.

당신은 다음 중 어떤 직장 상사가 좋습니까?

① 인생 상담을 잘 해주지만 규정 외의 업무를 시키는 상사
② 규정 외의 업무를 시키지 않지만 인생 상담을 잘 안 해주는 상사

5. 사전 테스트

설문지가 완성되었다고 해서 그대로 인쇄에 들어가는 것이 아니다. 설문지에 결함이 있을 수 있으므로 사전 테스트(pretest)를 거쳐 문제점을 미리 발견하고자 하는 것이다. 사전 테스트는 꼭 무작위로 추출된 응답자에게 하는 것은 아니나 연구자의 판단에 따라 다양한 층의 사람들을 골고루 포함시키는 것이 좋다. 대상자 수가 꼭 많아야 하는 것은 아니다. 10-20명 정도로 충분하다.

사전 테스트에서 검토되어야 할 사항은 각 설문과 답지가 응답자들에게 의도된대로 잘 이해되는지와 설문지 기입에 총 몇 분 정도가 소요되는지 등이다. 아울러 설문지 조사에 경험이 많은 '전문가' 수 명의 의견을 들어보는 것도 좋을 것이다. 이러한 사전 테스트 과정에서 드러난 문제점들을 보완하여 설문지의 최종본을 확정한다.

6. 사례: K 대학과 Y 대학 여학생의 소비성향과 성의식 조사

이 절에서는 설문지의 일례로서 오래 전에 고려대학교 통계학과 학생 팀(손정호·정홍배·조형연)이 수행한 'K 대학 여학생과 Y 대학 여학생 간 소비성향과 성의식 비교 연구'의 설문지를 보기로 한다.

K 대학과 Y 대학 여학생의 소비성향과 성의식 조사

안녕하세요. 저희들은 고려대학교 통계학과 4학년에 재학중인 학생들입니다.

이번 학기 전공과목인 '통계세미나 I'의 과제로서 Y 대학과 K 대학에 재학중인 여학생들의 소비성향 및 성의식을 조사하여 비교 분석하고자 합니다. 본 조사항목은 총 20개이며 10분 정도 소요됩니다.

다음 설문에 정성껏 응답해 주시길 부탁드립니다. 귀하의 응답은 통계적 목적으로만 사용될 것입니다.

저희들의 소박한 연구에 도움을 주시는 데 감사드립니다.

0000년 00월 00일

고려대학교 정경대학 통계학과 4학년

OOO OOO OOO

* 지도교수: 고려대학교 통계학과 OOO (Tel. 02-920-1412), e-mail: stat420@korea.ac.kr

☐ 면접원 이름 ____________ ☐ 면접장소 ____________ ☐ 면접일시 ____________

다음은 소비성 성향에 대한 질문입니다.

* [답항: 1=전혀 그렇지 않다, 2=그렇지 않다, 3=보통이다, 4=그렇다, 5=매우 그렇다]

1. 호사스러운 장신구나 액세서리들을 많이 갖고 싶다. 1 2 3 4 5
2. 신문을 읽는 것보다 TV 보는 것을 좋아한다. 1 2 3 4 5
3. 결혼식은 결혼하는데 꼭 필요한 절차라고 생각한다. 1 2 3 4 5
4. 새로운 패션이나 유행을 빨리 받아 들이는 편이다. 1 2 3 4 5
5. 상품을 구입하기 전에 여러 상점의 가격을 비교한다. 1 2 3 4 5
6. 쇼핑을 가기 전에 쇼핑 품목을 미리 작성하는 편이다. 1 2 3 4 5
7. 풍요로운 생활을 위해 항상 공부를 한다. 1 2 3 4 5
8. 비싼 것 하나보다 싼 것 여러 개를 갖는 편이 낫다. 1 2 3 4 5
9. 옷에 맞춰 액세서리나 구두를 바꿔 착용한다. 1 2 3 4 5
10. 생활하는데 불편하더라도 옷의 모양이 좋으면 입는다. 1 2 3 4 5

다음은 성 의식에 대한 질문입니다.

* [답항: 1=전혀 그렇지 않다, 2=그렇지 않다, 3=보통이다, 4=그렇다, 5=매우 그렇다]

1. 여성은 결혼 전까지 순결한 편이 좋다고 생각한다. 1 2 3 4 5
2. 나는 낙태제도를 찬성한다. 1 2 3 4 5
3. 결혼한 여성의 행복은 남편에 달려 있다. 1 2 3 4 5
4. 자녀가 있더라도 사랑하지 않으면 이혼할 수 있다. 1 2 3 4 5
5. 동성동본이라 할지라도 결혼할 수 있어야 한다. 1 2 3 4 5
6. 여자가 담배 피는 것을 보면 못마땅하다. 1 2 3 4 5
7. 남자와 여자 사이에는 친구관계가 성립되지 않는다. 1 2 3 4 5
8. 연애와 결혼은 별개의 것이다. 1 2 3 4 5
9. 남자도 결혼 전까지 순결을 지켜야 한다. 1 2 3 4 5
10. 순결은 육체에 있는 것이 아니라 마음에 있다. 1 2 3 4 5

마지막으로 몇가지 인정사항에 관한 질문을 하겠습니다.

1. 몇 학년이세요? ____ 학년

2. 지금 사는 곳이 어디세요? ____

   1) 자기집 또는 친척집 2) 하숙집 3) 자취방 4) 기숙사 5) 다른 곳

3. 귀하의 당신의 종교는? ____

   1) 개신교 2) 천주교 3) 불교 4) 기타 5) 없음

응답을 마쳐 주셔서 대단히 감사합니다.

이 설문지에 따라 K대학에서 82명, Y대학에서 82명이 응답하였다. 자료 입력과 분석에 대하여는 6장과 7장에서 다룰 것이다.

4장. 표본추출 SAMPLING

통계조사는 통계적 정보 수집이 목적이다. 따라서 표본크기를 얼마로 해야 할지가 우선 문제가 되고 다음으로는 실제 응답자 표본을 어떻게 구성할 것인가를 정해야 한다. 이 장에서는 이런 사항들에 관하여 가이드라인을 제시한다.

1. 표본의 크기

표본의 크기를 얼마로 하는 것이 좋은가를 결정하는 데는 여러 요소를 고려하여야 한다. 첫째 요소는 조사를 수행하는 데 쓸 수 있는 인적·물적 자원이 얼마만큼 있는가 하는 것이다. 조사를 혼자서 자비로 할 수 밖에 없는 처지라면 그 한계는 분명하다. 가용자원이 충분히 큰 경우에는 조사의 규모를 원하는 만큼 키울 수 있을 것이다. 물론, 조사의 중요성에 맞지 않게 지나치게 조사규모를 크게 할 필요가 있는가하는 의문이 있을 수 있다. 그러나 이와 같은 우려는 사실상 필요없다. 왜냐하면 조사의 자원을 그만큼 허용하였다는 것 자체가 그 조사에 상당한 효용이 있다고 판단한 결과이기 때문이다.

둘째 요소는 조사의 정확성을 어느 수준에 두느냐하는 것이다. 원칙적으로는, 원하는 주관심 통계치의 정도(精度, precision)를 참값에서 d 이내이기를 원하고 크기 n인 표본에서 생산되는 통계량(참값에 대한 추정량) T의 표준오차를 $s.e.(T;n)$으로 표현할 때

$$2 \cdot s.e.(T;n) \leq d$$

를 만족하도록 표본크기 n을 정하게 된다 (95% 신뢰수준에서). 이 부등식이 풀리는 수리통계적 이유는, 대부분의 경우, 통계량 T가 근사적으로 정규분포를 따르게 되고 n이 커질수록 $\sqrt{n}$에 반비례하여 $s.e.(T;n)$가 줄어들기 때문이다. 예컨대 통계량 T가 비율인 경우(즉 $0 < T < 1$), 그리고 표본추출방식이 단순랜덤추출인 경우 통계량 T의 표준오차는

$$s.e.(T;n) = \sqrt{T(1-T)/n} \;\leq\; \sqrt{(0.5)(0.5)/n}\ (= 0.5/\sqrt{n})$$

이다. 따라서 d를 예컨대 $0.05 (= 5\%$포인트)로 둔다면

$$2 \cdot (0.5)/\sqrt{n} \;\leq 0.05 \quad \Rightarrow \quad n \;\geq (1/0.05)^2\ (= 400)$$

이면 된다. 그러나 만약 d를 예컨대 0.025(= 2.5%포인트)로 하면 표본의 크기 n은 1600정도여야 한다. 왜냐하면

$$2 \cdot (0.5)/\sqrt{n} \le 0.025 \quad \Rightarrow \quad n \ge (1/0.025)^2 \ (= 1600)$$

이기 때문이다.

이렇게 산술적인 근거에 의하여 표본크기를 구하는 것이 좋겠지만 많은 통계조사에서는 이 원칙을 그대로 적용하기는 쉽지 않다. 왜냐하면 n을 정하려면 d가 필요한데 d를 미리 정하는 것이 어렵기 때문이다.

2. 표본추출방법

표본추출방법에는 여러 방법들이 있다. 표본추출론에 관한 교과서 대부분이

- 단순임의추출(simple random sampling)
- 체계적 추출(systematic sampling)
- 층화추출(stratified sampling)
- 집락추출(cluster sampling)

등의 서너 방법을 다루고 있는데, 실제로는 이들 방법들이 개별적으로 사용되는 것이 아니라 서로 결합된 방식으로 사용된다. 대표적으로는

- 층화집락임의추출(stratified cluster random sampling)

이 쓰이고, 이때 집락추출의 단계수에 따라 그것이 3단이면

- 층화3단집락추출(stratified three stage cluster sampling)

이라고 한다. 조사론에서 층(層, stratum)은 상호유사한 특성을 가진 개체들의 집합을 말하고 집락(集落, cluster; 군집)은 자연스럽게 형성된 개체들의 묶음을 말한다. 그리고 체계적 추출(=계통추출)은 개체들을 순서화하여 일정간격으로 표본추출하는 방법이다.

예를 들어 서울시민 의식조사를 설계하는 경우, 서울시를 22개 구로 나누고 (이때 구가 층이 됨), 구(區)내에서 일부 동을 추출하고 (이때 동이 집락이며 제1차 추출단위임), 동(洞)내에서 통을 추출하며(이때 통이 역시 집락이며 제2차 추출단위임), 최종적으로 통(統)내에서 가구를 임의추출 또는 통내 가구대장으로부터

체계적 추출하면 (이때 가구가 최종추출단위임), 바로 층화3단집락추출을 하는 것이 된다.

가상적으로, 대학교 내에서의 표본추출을 생각해보자. 학부학생수가 약 12,000명인 대학교 내에서 학생의견조사를 위하여 약 240명의 학부학생들을 뽑을 필요가 있다고 하자. 어떻게 하면 좋을까? 만약 학부학생들의 전체 리스트를 얻을 수 있다면 (그리고 그것에 일련번호가 부여되어 있다면) 곧장 단순임의추출에 들어갈 수 있을 것이다. 그런데 단순임의추출의 결과로서 표본이 어느 한 단과대학 또는 어느 한 학과에 치중될 수도 있다는 사실이 미리 염려된다면 차라리 체계적 추출이 더 나을 것이란 생각을 할 수도 있다. 또는 아예 각 단과대학을 층(層)으로 하는 층화추출을 하는 것이 좋겠다는 생각을 할 수도 있다.

대부분의 경우 전체 모집단의 리스트를 구하는 것이 불가능하지는 않더라도 어려운 일이다. 우리의 경우도 그렇다고 하자. 그리고 학생들의 의견을 단과대학별로 구분하여 집계할 필요가 있다고 하자. 전체 표본 240개를 크기에 비례하여 각 단과대학에 배정하기로 하자. 이 대학교에서 단과대학별 학생수가

모집단: 제1 단과대학 2,000명 (2/12),
제2 단과대학 1,000명 (1/12),
제3 단과대학 3,000명 (3/12),
제4 단과대학 2,000명 (2/12),
제5 단과대학 4,000명 (4/12), 합계 12,000 명

이라면 크기비례원칙에 따라 표본 240명을 각 단과대학에

표 본: 제1 단과대학 40명 (2/12),
제2 단과대학 20명 (1/12),
제3 단과대학 60명 (3/12),
제4 단과대학 40명 (2/12),
제5 단과대학 80명 (4/12), 합계 240 명

을 배정할 수 있을 것이다.

그렇다면 각 단과대학에서, 예컨대 제1 단과대학에서 어떻게 40명을 추출할 수 있을 것인가? 제1 단과대학이 가령 8개 학과(거의 비슷한 크기)로 구성되어 있다면 바로 학과(學科)가 학생들로 이루어진 집락이 된다. 따라서 단과대학내에서 학생들을 직접추출하지 않고 중간단계로 가령 4개 과를 추출하고 추출된 학과 내에서 2개 학년을 추출하고 추출된 학과의 추출된 학년 내에서 5명의 학생들을 면접하는 방식으로 표집계획을 세울 수 있지 않을까? (검토: 4개 학과 x 2개 학년

x 5명씩 = 40명). 이런 요령으로 각 단과대학별로 표본추출을 하면 바로 층화3단집락추출이 되는 것이다. (검토: 층=단과대학, 1단계 추출 = 학과, 2단계 추출 = 학년, 3단계 추출 = 학생).

마지막으로 추출된 학과의 추출된 학년에서 어떻게 일정 수의 학생들을 선발할 수 있을까 생각해보자. 이렇게 하면 어떨까? 대개 어느 과의 어느 학년이나 해당하는 전공필수과목이 있게 마련이다. 수업시간과 강의실을 대학 교학과 또는 과사무실에서 알아내어 해당 교실에 학생들을 찾아간다. 대개 교실의 책상배열이 열과 행으로 되어 있으므로 가상적인 일련번호를 쉽게 부여할 수 있다. 수업 직후 또는 직전에, 임의로 뽑힌 표본학생을 면접할 수 있을 것이다.

3. 난수추출

층화추출이건 집락추출이건 어느 추출방법이나 확률적 추출방법은 어떤 단계에서는 임의추출과정이 있게 마련이다. 원칙적으로, N개 중에서 n개를 임의복원추출(random sampling with replacement)하려면 난수표(random number table)를 사용하면 되고, 임의비복원추출(random sampling without replacement)은 복원추출에 준하되 같은 것이 중복되어 나오는 경우 나중에 나온 것은 무시하면 된다. 몇 장 정도의 난수표는 통계학 책 부록 같은 데서 찾아볼 수 있지만 실제 표본추출에서 이들 표를 사용하는 것은 구차스러운 일이다. 이에 대한 대안으로 컴퓨터를 사용하면 어떨까?

SAS를 사용하는 경우:

다음은 N=1995개 중에서 n=20개를 임의추출하는 SAS 프로그램 및 출력이다. DATA 단계에서

1) SAS 함수 RANUNI(seed)를 사용하여 0과 1사이의 균일분포를 따르는 난수 X를 만든 뒤 (여기서는 프로그램 수행시마다 다른 난수가 나오도록 seed 값을 0으로 놓음)

2) X를 1995(=N배하고

3) SAS 함수 ROUND(number)를 써서 반올림 정수화하여 {1, 2, 3, ⋯, 1995}로부터의 난수인 ID를 생성시키고

4) 앞의 세 단계를 20(=n)회 반복한다 (변수 I는 해당 난수가 뽑힌 순서).

5) PROC SORT를 써서 표본번호 ID 순서로 정렬(sorting)하고 PROC PRINT로 결과를 프린트한다. 만약 ID가 같은 값을 두 번이상 취하고 가장 작은 I 값을 갖는 것만 남기고 나머지는 버린 후 대신 다른 난수를 추가한다 (비복원추출을 위한 경우).

이를 위한 SAS 프로그램은 다음과 같다.

```
data random;
    do i=1 to 20;
       x=ranuni(0);
       id=round(1995*x+0.5);
       output;
    end;
    run;
proc sort data=random;
    by id;
    run;
proc print data=random;
    run;
```

다음은 SAS 출력이다.

OBS	I	X	ID
1	8	0.08025	161
2	15	0.09944	199
3	7	0.13525	270
4	5	0.21722	434
5	18	0.39090	780
6	12	0.43770	874
7	13	0.44186	882
8	14	0.50489	1008
9	16	0.51181	1022
10	10	0.64749	1292
11	11	0.75283	1502
12	1	0.76156	1520
13	19	0.76389	1524
14	2	0.78979	1576

```
15    4   0.79350   1584
16    3   0.79497   1586
17   20   0.83621   1669
18    9   0.85021   1697
19    6   0.96086   1917
20   17   0.96650   1929
```

R을 사용하는 경우:

같은 작업을 오픈소스 통계계산 언어인 R로 해보면 다음과 같다. sample( ) 함수를 사용하였다.

```
# random sampling without replacement
> set.seed(123)
> N <- 1995
> n <- 20
> (id <- sample(1:N, n))
 [1]  574 1572  816 1759 1873   91 1051 1775 1096  907
[11] 1900  900 1344 1135  204 1782  488   84  649 1887
> sort(id)
 [1]   84   91  204  488  574  649  816  900  907 1051
[11] 1096 1135 1344 1572 1759 1775 1782 1873 1887 1900
```

SPSS를 사용하는 경우:

한편 SPSS를 활용하고자 한다면 다음과 같이 한다. 본 저자의 ≪SPSS 설문지 조사방법: 기본과 활용≫ (한나래출판사, 2010)의 3장을 참조하라.

1) SPSS의 데이터 편집기에 들어가 2개의 변수 sequence와 id를 만든다. 이 중에서 sequence에 1부터 20($=n$)까지 차례로 값을 넣는다. 만약 이것이 귀찮으면 첫 칸에 1을 넣고 마지막 칸에 20만 넣어도 된다. (그러면 2번째 칸에서 19번째 칸에는 결측값을 나타내는 마침표(.)가 나타난다).

2) 변환(Transform) 메뉴에서 변수계산(Compute)을 선택한다. 입력 창이 나타나면 대상변수(Target)에 변수 id를, 숫자표현식(Expression)에

   ```
   rnd(uniform(1)*1995+0.5)
   ```

   를 넣고 확인을 누른다. 여기서 uniform(최대값)과 rnd(숫자표현)은 각각 다음 의미를 갖는 함수이다.

uniform(최대값) = 0과 최대값 사이의 균일분포로부터
임의수(난수)를 생성시킨다.
rnd(입력숫자) = 입력숫자를 반올림한다.

3) 변수 id에 1부터 1995까지의 임의수가 20개 생성된다. 만약 id에 같은 값이 두 번 이상 들어가면 처음 것만 취하면 나중 것은 버려야 한다 (비복원추출의 원리에 따라). 그런 경우에는 그 수 만큼 다른 임의수를 생성시켜 보충한다.

4) 변수 id에 따라 케이스 정렬(Sort Cases)을 한다.

4. 사례 (계속)

3장의 마지막 절에서 소개한「Y대와 K대 여학생 조사」의 예를 계속하기로 하겠다. 이 조사에서 연구자들은 출구(出口)조사 방식으로 표본을 취하였다. 출구조사(exit survey)란 출구에서 빠져 나오는 사람들을 조사하는 방법을 말하는데, 예컨대 백화점 출구에서 10번째마다 고객을 면접하는 방식으로 조사한다. 이 사례에서 Y대에서는 정문을 이용하였고 K대에서는 (교문이 여러 곳에 있는 관계로) 단과대학의 출구를 사용하였다. 예산과 시간의 한계로 Y대에서 82명, K대에서 82명으로 표본크기를 정하였다.

5장. 현지조사 FIELD SURVEY

현지조사는 조사의 질을 좌우하는 제1의 요인이다. 성공적인 현지조사를 위해서 시험조사, 조사원 훈련 및 관리, 재검, 응답자 사례 등이 필요하다.

1. 시험조사

아무리 잘 준비되어 있는 조사라도 실제 상황에 적용해 보면 의도한대로 잘되지 않는다. 조사방법에 부분적인 결함이 있을 수 있고 표집계획에 무리가 있을 수도 있다. 이러한 것들을 본조사에 앞서 테스트해 볼 필요가 있는데 이를 시험조사(pilot survey)라고 한다.

시험조사에서 확인해야 할 사항은 사실상 조사에 관한 모든 것이다. 조사원 훈련과 본조사 일정에 관한 귀중한 정보를 얻을 수 있다.

표집과정에 대하여, 특히 다단계 추출의 경우, 시험적으로 표집이 제대로 될 수 있는지 정해진 표집절차에 따라 응답자를 찾아가 본다. 이 과정에서 무리가 있다면 표집절차를 수정해야 할 것이다.

만약 시험조사에서도 드러나지 않은 문제가 발생할 경우에 대비하여 본조사 기간 중에는 조사원과 조사책임자간, 그리고 응답자와 조사책임자간 핫라인(hot line)을 운영하는 것이 바람직하다. 따라서 설문지 머리말에 다음과 같은 문구를 넣어두는 것이 좋다.

본조사 또는 설문에 대하여 의문이 있으시면 전화주시기 바랍니다.

전화: 01-234-5678. 시간: 09:00부터 18:00 사이

조사책임자(담당자) 홍길동

2. 조사원 훈련 및 관리

조사원 훈련(interviewer training)은 조사책임자가 주관하여 조사의 목적, 표집 및 면접방법, 코딩방법 등 조사원이 알아야 할 모든 사항을 교육시킨다. 조사원

들끼리 면접자-피면접자 역할연습(role play)을 한다든지, 노련한 조사원 몇 명의 경험담을 들어본다든지, 가능하다면 시험조사에서 찍은 비디오 영상을 보여준다든지 하면 좋을 것이다. 전화조사의 경우에는 조사원이 능숙하지 않은 경우 응답거부율이 높아지므로 충분한 연습이 필요하다.

본조사에서 매우 중요한 부분은 첫 인사이다. 조사원은 응답자와의 첫 인사에서 소속과 신원을 밝히고, 어떤 조사를 하려고 하며(조사의 목적), 상대방이 응답자로 선정된 경위, 응답에 소요되는 시간, 응답에 대한 사례에 대하여 이야기한다. 아울러 조사자료는 통계처리된 결과로만 사용되므로 개인의 신상정보가 누출될 염려가 없음을 주지시킨다.

통계조사가 성공하기 위해서는 무엇보다도 조사원들이 현지에서 성실하게 일해 주어야 한다. 이를 위해서는 조사원들에게 적절한 수당을 지급해야 하며 조사일정을 빡빡하게 잡지 않도록 해야 한다. 그 밖에도 조사원들에 대한 상벌을 명확하게 하는 등 효과적인 인사관리를 하여야 한다.

경험이 많고 전문적인 조사원이 그렇지 않은 조사원보다 좋은 것은 물론이다. 그런 이유로 조사전문회사들은 조사원으로 아르바이트 대학생보다는 파트타임으로 꾸준히 일할 수 있는 가정주부를 선호한다.

3. 재검

조사원들이 지시된 대로 작업하지 않는 수가 간혹 있다. 현지에 나가서 조사하지 않고 집에 앉아 조사표를 스스로 대리작성하는 경우는 가장 극단적인 경우이지만, 그렇지 않더라도 표집절차를 제대로 따르지 않던가 또는 설문지 기입방식을 제대로 지키지 않는 경우 등이 있다. 그러나 이런 경우들이 그대로 보고될 리 없으므로 수집된 조사표 중 일부를 재추출하여 상급 조사자가 해당 응답자를 재면접하는 것을 재검(verification)이라고 한다.

재검절차가 전체 조사일정을 늘릴 뿐 아니라 비용을 추가시키므로, 재검을 하더라도 그 비율은 낮은 수준으로, 예컨대 5-10% 정도로, 잡는다. 재검절차를 둠으로써 생기는 이점(利點)은 조사원들의 부정을 심리적으로 예방할 수 있다는 점과 조사자료의 신뢰도를 질적으로 그리고 자체적으로 평가해볼 수 있다는 것이다.

4. 응답자 사례

응답자에게 적절한 수준의 성의표시를 하여야 하는 것은 당연한 것이다 (2장 참조). 그 중 대표적인 것은 사례품이다. 문방용품에서부터 각종 아이디어 상품에 이르기까지 정해진 예산 내에서 할 수 있는 최선의 선택을 하여야 한다. 응답자들은 자신의 견해와 남들의 견해를 비교해보는 것에 관심이 있으므로 조사가 끝난 뒤 일부 결과(요약)를 보내주겠다는 약속도 응답자 사례의 일종이다. 표본으로 선정된 응답자를 여러 차례 접근해야 되는 패널조사의 경우는 특히 응답자 사례에 신경을 써서 도중 이탈율(비협조율)을 가능한 한 줄여야 한다.

5. 사례 (계속)

「Y대와 K대 여학생 조사」에서 총 164명의 응답자들에게는 1,000원 상당의 학용품으로 사례하였으며 본조사는 3명의 연구자(남) 및 그들의 친구들(여)이 담당하였다. 응답자들은 조사에 대부분 협조적이었으며 일부는 조사결과에 상당한 관심을 표명하였다.

6장. 자료입력 Data Input

설문지가 모두 수합되면 기입 내용을 검토한 다음 컴퓨터에 자료를 입력하게 되는데 이를 위하여 코딩 설계가 필요하다. 자료입력이 제대로 되었는지에 대한 최소한의 검토로서 단순한 기술통계를 활용한다.

1. 코딩 설계

설문에 대한 응답은 코딩 형태에 따라 몇 가지 유형으로 나뉠 수 있다. 첫째는 수치로 기록된 형태로서 이에는 연속형 수치, 순서형 수치, 명목형 수치 등이 포함된다. 연속형 수치는 평균을 내고 표준편차를 계산하는 등 구간척도 반응의 형태이고 명목형 수치는 외양은 숫자이지만 사칙연산을 할 수 없는 일종의 부호이다. 따라서 명목형 수치에 대하여는 빈도 등이 산출될 수 있을 뿐이다. 연속형 수치와 명목형 수치의 중간쯤에 순서형 수치가 있다.

- 연속형의 예: 당신의 나이는 몇 세입니까? ____세

- 순서형의 예: 당신은 현재 생활에 얼마나 만족하십니까? ____

  1. 매우 만족
  2. 약간 만족
  3. 보통
  4. 약간 불만족
  5. 매우 불만족

- 명목형의 예: 당신의 전공분야는 무엇입니까? ____

  1. 인문학/사회과학
  2. 자연과학/공학
  3. 음악/미술/스포츠
  4. 의학/약학
  5. 기타

둘째는 문자로 기록할 수 있는 형태이다. 이런 형태의 응답은 대개 개방형의 설문에게 얻어진다.

- 예 1: 당신은 어느 잡지를 정기적으로 구독하고 있습니까? 구독하는 잡지가 있으면 잡지 이름을 모두 적어주십시오. 그렇지 않다면 그냥 넘어가십시오.

  ______________, ______________, ______________

- 예 2: 당신이 가장 좋아하는 외국 가수(음악그룹) 이름을 써 주십시오.

  ____

원 설문에서의 응답은 문자형이지만 이의 실제 입력시에는 가능하다면 수치로 전환해주는 것이 편리하다. 예컨대 성별을 묻는 설문

당신의 성별은? 남자( ), 여자( )

에서 응답이 남자면 1, 여자면 2라는 코드를 부여하는 것이다.

개방형 질문의 경우에도 응답내용을 범주화하여 수치를 부여하는 것이 좋다. 예컨대

이 강의에서 가장 좋았던 점은? ____________________________

과 같은 설문에 대한 자유기술식 응답을 취합해 본 결과

- 질의-응답의 기회가 많았던 점
- 가족 같은 수업분위기
- 창의력을 필요로 하는 과제의 부과
- 이해하기 쉬운 강의 스타일
- 기타

등 몇 가지 패턴으로 분류할 수 있었다면 이에 각각 1, 2, 3, 4, 5라는 코드를 줄 수 있을 것이다.

응답이 수치이거나 문자(한글, 영문)이거나 관계 없이 자료입력시 저장방식을 텍스트(txt) 파일로 하는 것이 좋다. 엑셀로 자료입력을 한 경우에는 xls 형식보다는 csv(commma seperated variables) 형식으로 저장하는 것이 바람직하다.

각 설문의 응답에 대한 코딩형태가 결정되었으면 이에 변수명과 입력 열(column)을 부과하고 코드가 부여된 경우에는 설명을 붙여둔다. 보기는 다음과 같다.

설문	변수명	영문약어	입력열	(수)	형태	코드 및 설명
	일련번호	ID	1–4	(4)		
1	나이	AGE	5–6	(2)		
2	성별	SEX	7	(1)		1=남, 2=여
3	대학	COLLEGE	8	(1)		1=법과, 2=경영, ⋯, 9=사범
4	학과	DEPT	9–12	(4)	한글	법학, 경영, 국문, ⋯, 수교
			13	(1)	빈칸	
5	전공만족도	S1	14	(1)		1=매우만족, ⋯, 5=매우불만족
6	생활만족도	S2	15	(1)		1=매우만족, ⋯, 5=매우불만족
			16	(1)	빈칸	
7	평균학점	GPA	17-19	(3)		x.xx
8	주거형태	HOUSE	20	(1)		1=자기집, 2=자취, ⋯
.	.	.	.	.	.	.

코딩 설계시 특히 신경 써야 하는 것은 무응답의 처리이다. 가급적 무응답이 발생하지 않도록 조사단계에서 노력해야 하지만, 무응답이 발생한 경우 어쩔 수 없이 이를 혼동되지 않게 적절히 코딩해야 한다.

무응답의 코딩방식은 이후 어떤 팩키지 프로그램을 써서 자료분석을 해야 하는지에 따라 다르다. 예컨대 SAS를 쓰는 경우라면 무응답에 '.'(마침표 1개)를 입력하면 별 무리가 없고 R이라면 'NA'(not available)를 넣어둔다. SPSS에서는 해당하는 열수만큼 '9'를 넣으면 무리가 없다. 예컨대 앞의 예에서 설문 5(변수명 S1)나 설문 6(변수명 S2)에서 무응답이던 9를 넣는다. 그 숫자가 응답항 중 하나여서는 안된다. 앞의 설문 3(변수명 college)에서 무응답인 경우 '9'로 코딩하는 것은 곤란한 것이다. 사범대학에 코드 '9'가 부여되었기 때문이다. 이런 경우에는 이 변수에 대한 입력 열의 폭을 2로 하여 무응답을 '99'로 코딩한다.

수치변수의 경우에는 무응답을 빈칸으로 남겨두면 수치 '0'과 혼동되는 수가 있으므로 조심해야 한다.

2. 입력 확인·검토

자료분석에 앞서 제대로 입력되었는지에 대한 확인·검토가 반드시 필요하다. 잘못 입력된 자료는 자료분석 결과에 막대한 영향을 줄 수도 있기 때문이다. 앞에서 자료입력시 이따금 입력 열을 빈 칸으로 남겼는데 그 이유도 입력 열(column)이 밀리는 경우 쉽게 알아보기 위해서이다. 이 밖에도 입력 실수는 어디서나 어떤 형태로도 일어날 수 있기 때문에 가능하면 수거된 설문지 원본과 입력 자료 파일을 일일이 대조해봐야 한다. 그것이 너무 많은 업무량을 요구하는 경우 1/10의 비율로 설문지를 임의 추출하여 입력 내용과 대조 확인해볼 필요가 있다. 드물지 않게 오류가 발생하는 경우에는 확인· 검토 대상을 전체로 확대한다.

통계적인 보완절차로서 각 변수별로 적절한 기술통계를 뽑아보는 것도 좋다. 예컨대 연속형 수치변수이면 평균, 표준편차, 최대값, 최소값 등을 구해보고, 명목형·순서형 수치변수이거나 문자값 변수이면 빈도를 구해본다든지 간단한 교차표를 작성해보는 것이다. 부적절한 값이 입력되어 있는 경우 이런 과정을 통해 검출될 수도 있다.

3. 사례 (계속)

표 1은「Y대와 K대의 여학생 조사」에서 얻어진 자료이다. 다음 코딩 설계에 따라 입력되었다. 변수 UNIV와 ID는 설문지 표지에서 인지되는 고유속성 및 번호이고, 변수 P1-P3는 인적 사항에 관한 것이며, 변수 C1-C10과 S1-S10은 각각 소비성향 10문항과 성의식 10문항에 관한 5점척도 반응이다.

설문	변수명	영문약어	입력열	(수)	형태	코드 및 설명
	대학교	UNIV	1	(1)		1=Y대학, 2=K대학
	일련번호	ID	2–3	(2)		01, · · · , 82
			4	(1)	빈칸	
1	소비성향1	C1	5	(1)		(부정)1, 2, 3, 4, 5(긍정)
2	소비성향2	C2	6	(1)		(부정)1, 2, 3, 4, 5(긍정)
3	소비성향3	C3	7	(1)		(부정)1, 2, 3, 4, 5(긍정)
.	.	.	.	.	.	
.	.	.	.	.	.	
9	소비성향9	C9	13	(1)		(부정)1, 2, 3, 4, 5(긍정)
10	소비성향10	C10	14	(1)		(부정)1, 2, 3, 4, 5(긍정)
			15	(1)	빈칸	
11	성의식1	S1	16	(1)		(부정)1, 2, 3, 4, 5(긍정)
12	성의식2	S2	17	(1)		(부정)1, 2, 3, 4, 5(긍정)
13	성의식3	S3	18	(1)		(부정)1, 2, 3, 4, 5(긍정)
.	.	.	.	.	.	
.	.	.	.	.	.	
19	성의식9	S9	24	(1)		(부정)1, 2, 3, 4, 5(긍정)
20	성의식10	S10	25	(1)		(부정)1, 2, 3, 4, 5(긍정)
			26	(1)	빈칸	
21	학년	P1	27	(1)		1, 2, 3, 4
22	주거지	P2	28	(1)		1=자기집, 2=하숙, 3, 4, 5...
23	종교	P3	29	(1)		1=개신교, 2=천주교, 3=불교, 4, 5...

표 1: 조사자료 `SurveyData.txt`

```
101 2442223232 4134352445 142
102 1222235232 4433422252 112
103 2343325444 4234432543 143
104 3553345244 4233421334 142
105 3244435234 4425432244 111
106 4334213444 4244342433 121
107 3442235233 5425541553 113
108 4244445344 5234432443 115
109 4453444344 5542342512 145
110 4242325434 3424512233 115
.
.
.
201 3243555233 5221332252 143
202 2222334232 3425411345 141
203 3242335233 4224432344 142
204 3342224223 4435431252 115
205 4452534444 5444343454 115
206 3442445243 2434412534 113
207 2322112222 2314512323 115
208 2341445232 5414512353 115
209 2332324322 4222343354 113
210 2132445443 4414411245 143
.
.
.
```

이 자료를 본격적으로 분석하기 전에 변수 별로 자료의 간단한 기술통계로써 단순한 입력 오류를 찾아낼 수 있다. 범주형 변수에 대하여는 빈도표를, 연속형 변수에 대하여는 최소값과 최대값을 구해보는 것이다. 허용되지 않은 값이 나타난다면 그것은 입력오류일 가능성이 높다.

이 자료에서는 일련번호 ID를 제외한 나머지 24개 변수들 (UNIV, C1-C10, S1-S10, P1-P3) 모두가 범주형이므로 빈도표로 자료를 요약하도록 하겠다.

표 2: 입력변수 빈도표를 구하기 위한 SAS 프로그램

```
data survey;
    infile 'F:\SurveyData.txt';
    input UNIV 1. ID 2.  @5 (C1-C10)(10*1.)
                        @16 (S1-S10)(10*1.)
                        @27 (P1-P3) (3*1.) ;
    run;
proc freq data=survey;
    tables UNIV P1-P3 C1-C10 S1-S10;
    run;
```

SAS를 사용하는 경우. 표 2는 이를 위한 SAS 프로그램이다. DATA 단계에 대한 설명은 다음 장에서 하게 될 것이므로 여기서는 생략한다. 입력변수 24개 각각의 빈도분포를 구하기 위해서 PROC FREQ를 다음과 같이 사용하고 있음을 보라.

```
proc freq data=survey;
    tables UNIV P1-P3 C1-C10 S1-S10;
    run;
```

만약, C1부터 C10까지 10개 문항과 S1부터 S10까지 10개 문항을 연속형으로 보고자 한다면 PROC MEANS를 다음과 같이 사용하면 된다.

```
proc means data=survey;
    var C1-C10 S1-S10;
    run;
```

SAS 출력: 표 2의 SAS 프로그램에 따른 변수별 빈도는 다음과 같다.

```
                                       Cumulative  Cumulative
     UNIV    Frequency    Percent    Frequency      Percent
     --------------------------------------------------------
        1           82       50.0            82        50.0
        2           82       50.0           164       100.0
```

P1	Frequency	Percent	Cumulative Frequency	Cumulative Percent
1	46	28.0	46	28.0
2	43	26.2	89	54.3
3	39	23.8	128	78.0
4	36	22.0	164	100.0

P2	Frequency	Percent	Cumulative Frequency	Cumulative Percent
1	121	73.8	121	73.8
2	8	4.9	129	78.7
3	18	11.0	147	89.6
4	17	10.4	164	100.0

P3	Frequency	Percent	Cumulative Frequency	Cumulative Percent
1	52	31.7	52	31.7
2	29	17.7	81	49.4
3	12	7.3	93	56.7
4	2	1.2	95	57.9
5	69	42.1	164	100.0

이하 소비성향 10개 문항에 대한 출력:

C1	Frequency	Percent	Cumulative Frequency	Cumulative Percent
1	11	6.7	11	6.7
2	50	30.5	61	37.2
3	65	39.6	126	76.8
4	37	22.6	163	99.4
5	1	0.6	164	100.0

```
                                  Cumulative  Cumulative
C2   Frequency    Percent    Frequency     Percent
------------------------------------------------------
1           8        4.9            8         4.9
2          54       32.9           62        37.8
3          40       24.4          102        62.2
4          57       34.8          159        97.0
5           5        3.0          164       100.0
```

중간생략.

이하 성의식 10개 문항에 대한 출력:

```
                                  Cumulative  Cumulative
S1   Frequency    Percent    Frequency     Percent
------------------------------------------------------
1           4        2.4            4         2.4
2          19       11.6           23        14.0
3          18       11.0           41        25.0
4          74       45.1          115        70.1
5          49       29.9          164       100.0

                                  Cumulative  Cumulative
S2   Frequency    Percent    Frequency     Percent
------------------------------------------------------
1          11        6.7           11         6.7
2          37       22.6           48        29.3
3          32       19.5           80        48.8
4          69       42.1          149        90.9
5          15        9.1          164       100.0
```

이하생략.

R을 사용하는 경우. R은 오픈소스의 통계언어이다 (`http://www.r-project.org`). 누구나 무료로 사용할 수 있고 또한 다양한 최신의 기법들이 팩키지화되어 있다는 것이 큰 장점이다. 표 3은 csv 파일을 읽고 24개 입력변수 각각에 대한 빈도를 구하는 R 스크립트이다.

표 3: 입력변수 빈도표를 구하기 위한 R 스크립트

```
# R Script for SurveyData Validation, filename 'SurveyData.R'
SurveyData <- read.csv("SurveyData.csv",header=T)
with(SurveyData,table(univ))
with(SurveyData,table(p1))
with(SurveyData,table(p2))
with(SurveyData,table(p3))
with(SurveyData,table(c1))
with(SurveyData,table(c2))
with(SurveyData,table(c3))
with(SurveyData,table(c4))
with(SurveyData,table(c5))
with(SurveyData,table(c6))
with(SurveyData,table(c7))
with(SurveyData,table(c8))
with(SurveyData,table(c9))
with(SurveyData,table(c10))
with(SurveyData,table(s1))
with(SurveyData,table(s2))
with(SurveyData,table(s3))
with(SurveyData,table(s4))
with(SurveyData,table(s5))
with(SurveyData,table(s6))
with(SurveyData,table(s7))
with(SurveyData,table(s8))
with(SurveyData,table(s9))
with(SurveyData,table(s10))
```

R 출력: 표 3의 R 스크립트에 따른 출력으로 변수 C1에 대한 빈도표를 보기로 한다. 나머지 변수들에 대한 출력은 지면을 아끼기 위해 생략하기로 한다.

```
> with(SurveyData,table(c1))
c1
 1  2  3  4  5
11 50 65 37  1
```

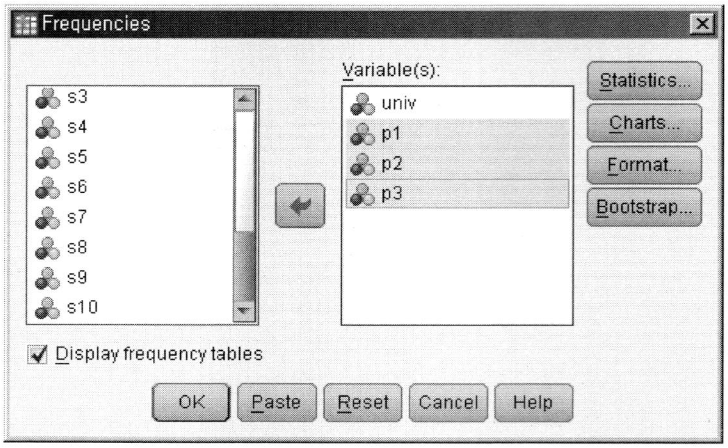

SPSS를 사용하는 경우. SPSS는 txt 또는 csv 형식으로 입력된 자료를 파일(File) ► 열기(Open) ► 데이터(Data...) 또는 파일(File) ► 텍스트 데이터 읽기(Read Text Data...)로 쉽게 읽을 수 있다. 자료가 SPSS에 올라오면 자료명을 정하여 저장한다 (파일명: SurveyData.sav).

다음은 4개 변수 univ, P1, P2, P3에 대한 빈도표를 얻기 위한 빈도분석 창이다 (분석(Analyze) ► 기술통계(Descriptive Statistics) ► 빈도분석(Frequencies)). 나머지 20개 변수 (c1, ···, c10과 s1, ···, s10)에 대한 빈도분석도 마찬가지이다.

다음은 이에 따른 출력 중 P3(종교)의 빈도표이다. 나머지 변수들에 대한 출력은 지면을 아끼기 위해 생략하기로 한다.

p3

		Frequency	Percent	Valid Percent	Cumulative Percent
Valid	1	52	31.7	31.7	31.7
	2	29	17.7	17.7	49.4
	3	12	7.3	7.3	56.7
	4	2	1.2	1.2	57.9
	5	69	42.1	42.1	100.0
	Total	164	100.0	100.0	

7장. 자료분석 Data Analysis

자료입력이 제대로 되면 통계분석에 들어간다. 여기서는 설문지 자료 분석에 많이 쓰이는 교차표 분석, t-검정, 일반선형모형, 상관 및 신뢰도 분석 등을 적용해 보기로 하겠다. 여기서 다룰 사례는 3장, 4장, 5장, 6장에서 연이어 다루어온 「Y대와 K대의 여학생 조사」이다. 통계 소프트웨어로는 SAS와 R, 그리고 SPSS를 사용하기로 한다.

1. 교차표 분석

SAS를 사용하는 경우. 앞 장에서 읽은 「Y대와 K대의 여학생 조사」자료에서 문항 P3(종교)에서 범주 4(기타)의 빈도는 2에 불과하다. 이에 따라 교차표 분석을 하는 데 있어 제외하는 편이 낫다. 따라서 P3 =4를 결측치로 처리하기로 한다. 즉

```
data survey1;
    set survey;
    if P3=4 then P3=.;
    run;
```

로 처리하고 이 절에서는 SAS 데이터세트 survey1에서 교차표를 만들 것이다.

교차표는 설문의 답지가 범주형인 자료를 분석하는 데 쓰는 가장 기본적인 도구이다. 대학별(Y대학 대 K대학)로 인적 요인, 소비성향 및 성의식을 비교하기 위하여 다음과 같이 SAS의 FREQ 절차를 구성한다.

```
proc freq data=survey1;
    table UNIV*(P1 P2 P3) / nopercent norow nocol chisq;
    run;
proc freq data=survey1;
    table UNIV*(C1-C10) / nopercent norow nocol chisq;
    run;
proc freq data=survey1;
    table UNIV*(S1-S10) / nopercent norow nocol chisq;
    run;
```

SAS의 FREQ 절차에서 TABLE 문을

```
table UNIV*(P1 P2 P3) / nopercent norow nocol chisq;
```

와 같이 두면, UNIV를 행에 두고 P1을 열에 둔 교차표, UNIV를 행에 두고 P2를 열에 둔 교차표, UNIV를 행에 두고 P3를 열에 둔 교차표 등 3개의 2차원 교차표가 만들어지는데, 이 때 NOPERCENT, NOROW, NOCOL 등의 옵션으로 각 칸에서의 출력이 최대한 억제되고, CHISQ 옵션으로 행간(대학별) 비교를 위하여 카이제곱 검정이 시행된다. 마찬가지로

```
table UNIV*(C1-C10) / nopercent norow nocol chisq;
table UNIV*(S1-S10) / nopercent norow nocol chisq;
```

은 UNIV와 C1부터 C10까지 각 변수와의 교차표(즉 10개의 2차원 교차표), 그리고 UNIV와 S1부터 S10까지 각 변수와의 교차표(즉 10개의 2차원 교차표)를 같은 방식으로 작성할 것을 지시한다.

SAS 출력과 분석결과에 대한 해석:

```
UNIV       P1
Frequency|       1|       2|       3|       4|  Total
---------+--------+--------+--------+--------+
       1 |     24 |     22 |     20 |     16 |     82
---------+--------+--------+--------+--------+
       2 |     22 |     21 |     19 |     20 |     82
---------+--------+--------+--------+--------+
Total          46       43       39       36      164
```

※ 카이제곱 검정의 결과 유의하지 않음 (출력 생략)

이 표는 대학교(UNIV) 간 학년(P1)의 분포를 비교해서 보여준다. Y 대학(UNIV=1)의 경우 저학년에 약간 쏠리는 경향이 있기는 하나 통계적으로 유의하지는 않다(카이제곱 검정의 결과가 α= 10%에서 유의하지 않은 경우 검정의 결과를 제시하지 않았음).

그 다음 표는 대학교(UNIV) 간 거주지(P2)의 분포를 비교해서 보여주는데 대학교 간 차이가 통계적으로 유의하지 않았다. 출력 생략.

```
UNIV        P3
Frequency|        1|        2|        3|        5|  Total
---------+--------+--------+--------+--------+
       1 |     33 |     11 |      5 |     32 |     81
---------+--------+--------+--------+--------+
       2 |     19 |     18 |      7 |     37 |     81
---------+--------+--------+--------+--------+
Total          52       29       12       69      162

Statistic                        DF      Value        Prob
-------------------------------------------------------
Chi-Square                        3      6.155       0.104
Likelihood Ratio Chi-Square       3      6.220       0.101

Effective Sample Size = 162
Frequency Missing = 2
```

이 표는 대학교(UNIV) 간 종교(P3)의 분포를 비교해서 보여준다. Y대학(UNIV=1)이 K대학(UNIV=2)에 비하여 개신교(P3=1)의 빈도가 큰 반면 천주교(P3=2)와 종교없음(P3=5)의 빈도가 작은 경향이 있는데 이는 통계적으로 약간 유의한 것으로 드러났다 (무방향 p-값 = 10.4%). 이는 Y 대학이 개신교와 관련 있기 때문인 것으로 보인다. 결측 케이스가 2개 있음을 알 수 있다.

```
UNIV        C1
Frequency|        1|        2|        3|        4|        5|  Total
---------+--------+--------+--------+--------+--------+
       1 |      6 |     21 |     34 |     21 |      0 |     82
---------+--------+--------+--------+--------+--------+
       2 |      5 |     29 |     31 |     16 |      1 |     82
---------+--------+--------+--------+--------+--------+
Total          11       50       65       37        1      164
```

※ 카이제곱 검정의 결과 유의하지 않음 (출력 생략)

이 표는 대학교(UNIV) 간 소비성향1 (C1: "장신구나 액세서리들을 많이 갖고 싶다")의 분포를 비교해서 보여준다. 대학교 간 차이를 카이제곱 검정으로 살펴본 결과 유의하지 않았다 (α= 10%). 그러나 이 교차표에서 열 범주들이 순서화되어 있음에 주목할 필요가 있다. 카이제곱 검정에는 열 범주들의 순서성이 반영되지 않는다.

교차표에서 열이 순서화되어 있는 경우 행 간 차이에 대한 검정으로 카이제곱 검정보다는 윌콕슨 순위합 검정(Wilcoxon's rank sum test)이 더 맞는 방법이다. SAS에서는 다음과 같이 PROC NPAR1WAY가 윌콕슨 검정을 제공한다.

```
proc npar1way data=survey1 wilcoxon;
    class UNIV;
    var C1-C10;
    run;
proc npar1way data=survey1 wilcoxon;
    class UNIV;
    var S1-S10;
    run;
```

C1(소비성향1)의 차이에 대한 SAS 윌콕슨 검정 출력은 유의하지 않았다 (α= 10%). 그러나 카이제곱 검정의 결과와 윌콕슨 검정의 결과가 다른 문항도 발견되었다. 예컨대 다음 C4(소비성향4: "새로운 패션이나 유행을 빨리 받아 들이는 편이다")가 그렇다. 카이제곱 검정의 무방향 p-값은 20.5%이나 윌콕슨 검정은 양측 p-값이 3.8%로 유의한 차이를 확인해준다.

```
UNIV      C4
Frequency|       1|       2|       3|       4|  Total
---------+--------+--------+--------+--------+
       1 |      5 |     27 |     36 |     14 |     82
---------+--------+--------+--------+--------+
       2 |      7 |     38 |     29 |      8 |     82
---------+--------+--------+--------+--------+
Total          12       65       65       22      164

Statistic                      DF      Value      Prob
------------------------------------------------------
Chi-Square                      3     4.5851    0.2048
Likelihood Ratio Chi-Square     3     4.6180    0.2020
Mantel-Haenszel Chi-Square      1     4.0725    0.0436
```

```
Wilcoxon Scores (Rank Sums) for Variable C4
                    Classified by Variable UNIV
                    Sum of        Expected       Std Dev          Mean
UNIV       N        Scores        Under H0       Under H0         Score
----------------------------------------------------------------------
1          82       7356.50        6765.0     284.053012     89.713415
2          82       6173.50        6765.0     284.053012     75.286585
                 Average scores were used for ties.

                      Wilcoxon Two-Sample Test
                   Statistic                 7356.5000
                   Normal Approximation
                   Z                            2.0806
                   One-Sided Pr >  Z            0.0187
                   Two-Sided Pr > |Z|           0.0375
                   Z includes a continuity correction of 0.5.
```

어떤 문항에서는 카이제곱 검정의 결과와 윌콕슨 검정의 결과가 모두 유의하게 나타났다. C9, C10이 그러하였다. 카이제곱 검정은 유의하나 윌콕슨 검정이 유의하지 않을 수도 있다. 이것은 행들의 열 분포가 중심에서는 일치하지만 형태가 다른 경우에 발생한다 (단봉 unimodal 대 이봉 bimodal). C7이 그러하였다.

S1부터 S10까지 10개 성의식 문항에 대한 카이제곱 검정과 윌콕슨 검정 출력과 해석은 여기서 생략한다.

R을 사용하는 경우. R에서 자료을 읽고 종교(p3)가 4인 케이스를 결측으로 처리하기 위해서는 다음과 같이 스크립트를 작성한다.

```
SurveyData <- read.csv("SurveyData.csv",header=T)
str(SurveyData)
SurveyData$p3[SurveyData$p3==4] <- NA
```

R에서 교차표에 대한 카이제곱 검정과 윌콕슨 검정의 다음과 같은 스크립트로 수행된다. 다음은 C4(소비성향4: "새로운 패션이나 유행을 빨리 받아 들이는 편이다")에 대한 부분이다. R 스크립트 파일명은 SurveyData Analysis.R이다.

```
with(SurveyData,addmargins(table(univ,c4)))
with(SurveyData,chisq.test(table(univ,c4)))
with(SurveyData,wilcox.test(c4~univ))
```

이제 R 출력을 보자. SAS 출력과 사실상 일치함을 볼 수 있다. 즉, 대학교(univ) 간 c4(소비성향4: "새로운 패션이나 유행을 빨리 받아 들이는 편이다")의 차이가 있는가를 보기위해서 카이제곱 검정을 한 결과 무방향 p-값은 20.5%로 유의하지 않지만 윌콕슨 검정은 양측 p-값이 3.8%로 유의한 차이를 확인해준다. 이처럼, 교차표에서 행들이 열 분포가 중심에서 차이가 있는 경우 윌콕슨 검정이 카이제곱 검정에 비해 더 민감하다.

```
> with(SurveyData,addmargins(table(univ,c4)))
    c4
univ   1   2   3   4 Sum
  1    5  27  36  14  82
  2    7  38  29   8  82
  Sum 12  65  65  22 164

> with(SurveyData,chisq.test(table(univ,c4)))
        Pearson's Chi-squared test
X-squared = 4.5851, df = 3, p-value = 0.2048

> with(SurveyData,wilcox.test(c4~univ))
        Wilcoxon rank sum test with continuity correction
W = 3953.5, p-value = 0.03747
alternative hypothesis: true location shift is not equal to 0
```

SPSS를 사용하는 경우. 2차원 교차표에 대한 카이제곱 검정을 해보기로 하자. P3=4인 케이스를 결측으로 처리하기 위해서는 데이터 창에서 찾기를 통해 값을 대치하면 된다 (편집(Edit) ► 찾기(Find)). 그 결과를 SurveyData1.sav으로 저장해둔다.

다음은 UNIV(대학교) 대 C4(소비성향4: "새로운 패션이나 유행을 빨리 받아들이는 편이다")에 대한 교차표 작성과 카이제곱 검정을 위한 Crosstabs 창이다 (분석(Analyze) ► 기술통계(Descriptive Statistics) ► 교차표(Crosstabs...)). 통계량(Statistics) 막대에 들어가 카이제곱(Chi-square)을 체크함으로써 카이제곱 검정이 수행된다.

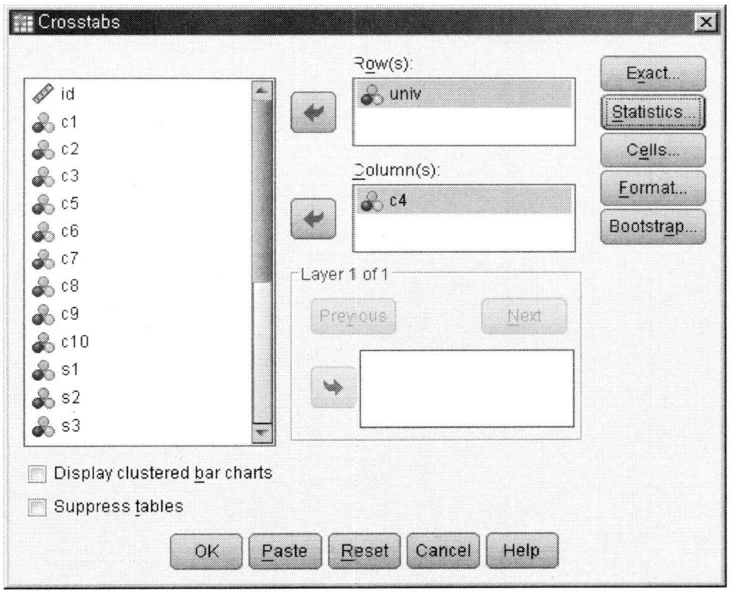

다음은 SPSS의 카이제곱 검정 출력이다. 기본 결과는 SAS나 R과 같다. 그러나 SPSS 출력에는 Pearson 카이제곱과 Likelihood Ratio 카이제곱 외에 Linear-by-Linear Association 카이제곱이 있는 것을 볼 수 있다. 이 카이제곱은 열 범주들에 순서대로 1, 2, 3, 4, 5 또는 -2, -1, 0, 1, 2의 점수를 부여하였을 때 행 간 차이가 있는가를 말해주는 카이제곱이다 (자유도 1). 따라서 그 기능이 윌콕슨 순위합 검정과 비슷하다. 때문에 비모수적 검정(nonparametric test)을 별도로 하지 않기로 한다. UNIV 대 C4의 교차표에서 Linear-by-Linear Association 카이제곱은 자유도 1에서 4.07이다 (p-값 4.4%).

univ * c4 Crosstabulation

Count

		c4				Total
		1	2	3	4	
univ	1	5	27	36	14	82
	2	7	38	29	8	82
Total		12	65	65	22	164

Chi-Square Tests

	Value	df	Asymp. Sig. (2-sided)
Pearson Chi-Square	4.585[a]	3	.205
Likelihood Ratio	4.618	3	.202
Linear-by-Linear Association	4.072	1	.044
N of Valid Cases	164		

a. 0 cells (.0%) have expected count less than 5. The minimum expected count is 6.00.

2. t-검정

종합적인 '소비성 경향' C와 '성의식' S를 개별 항목 C1-C10 및 S1-S10으로부터 다음과 같이 구성하기로 한다.

$$C = C1 + C2 + C3 + C4 + C5 + C6 + C7 + C8 + C9 + C10,$$
$$S = -S1 + S2 - S3 + S4 + S5 - S6 - S7 + S8 - S9 + S10.$$

'소비성'에 관한 종합척도 C를 10개 항목의 합으로 둔 이유는 C1부터 C10까지 각 항목이 약간씩 다른 것을 재기는 하지만 대체적으로 '그렇다'는 높은 소비성을 '그렇지 않다'는 낮은 소비성을 반영하기 때문이다. 그러나, 결혼식에 대한 문항 C3, 자기개발 욕구에 관한 문항 C7, 저가품 · 고가품 선호에 대한 문항 C8 등 일부 문항은 이와 무관하지 않나 하는 회의를 가질 수도 있을 것이다. 종합척도의 신뢰성은 5절에서 검토될 것이다.

'성의식'에 관한 종합척도 S는 개별항목이 '+' 또는 '−'의 계수를 갖는 것으로 되어 있다. S1-S10 중에서 어떤 문항(예컨대 S1, S3, S6, S7, S9)은 '그렇다'가 보수적 · 전통적인 견해이지만 또 어떤 문항(그 밖의 문항들)은 '그렇다'가 진보적 · 개방적인 견해이기 때문이다. 물론 여기서도 일부 문항의 속성에 대하여는 개인적으로 다른 견해를 가질 수도 있을 것이다. 따라서 이 척도에 대하여도 신뢰성을 검토할 필요가 있다.

종합척도 C와 S에서 대학교(UNIV) 간 차이가 있는가를 보자. 각 변수에 대하여 대학간 차이를 t-검정을 해보자는 것이다.

SAS를 사용하는 경우. SAS에서 두 그룹간 t-검정은 TTEST 절차로 수행된다. 다음은 이를 위한 SAS 프로그램이다.

```
data survey2;
    set survey1;
    C =   C1 + C2 + C3 + C4 + C5 + C6 + C7 + C8 + C9 + C10;
    S = - S1 + S2 - S3 + S4 + S5 - S6 - S7 + S8 - S9 + S10;
    run;
proc ttest data=survey2;
    class UNIV;
    var C S;
    run;
```

SAS 출력: '소비성향'과 '성의식'의 대학 간 차이에 대한 t-검정

```
Variable: C
UNIV        N  Mean  Std Dev  Std Error  Min   Max
--------------------------------------------------
   1       82  32.34   4.23   0.47      17.00  42.00
   2       82  30.95   4.33   0.48      19.00  41.00
```

```
Variances          T          DF     Prob>|T|
---------------------------------------
Unequal       2.0818     161.9       0.0389
Equal         2.0818     162.0       0.0389

Variable: S
UNIV        N  Mean  Std Dev  Std Error  Min   Max
--------------------------------------------------
   1       82   2.20   4.72   0.52      -9.00  15.00
   2       82   2.78   5.25   0.58      -7.00  16.00

Variances          T          DF     Prob>|T|
---------------------------------------
Unequal      -0.7507     160.2       0.4540
Equal        -0.7507     162.0       0.4539
```

이로부터 '소비성향' C에 대한 두 대학교 간 차이는 유의하나(p-값 3.89%), '성의식'에 대하여는 대학교 간 차이가 유의하지 않음(p-값 45.4%)을 알 수 있다. 즉,

1) Y대학 여학생들이 K대학 여학생들에 비해 평균적으로 더 '소비지향적'인 경향이 있는데 이는 통계적으로 유의한 차이이며,

2) '성의식'에 있어서 K대학 여학생들이 Y대학 여학생들에 비해 평균적으로 더 개방적 · 진보적인 경향이 보이나 이는 통계적으로 유의한 차이가 아니다.

그러나 이런 통계적 분석결과는 단순히 외견적인 것일 수 있기 때문에 두 학교 간 존재하는 인적 요소의 차이까지 고려한 일반선형모형분석을 하여야 학교간 차이가 내재적인 것인지 아닌지를 알게 될 것이다. 다음 절에서 이를 다룬다.

R을 사용하는 경우. R에서 두 그룹간 t-검정은 `t.test()`로 수행된다. 다음은 이를 위한 R 스크립트와 출력이다.

```
attach(SurveyData)
C <- c1+c2+c3+c4+c5+c6+c7+c8+c9+c10
S <--s1+s2-s3+s4+s5-s6-s7+s8-s9+s10
t.test(C ~ univ, var.equal=T)
t.test(S ~ univ, var.equal=T)
```

```
> t.test(C ~ univ, var.equal=T)
Two Sample t-test
data:  C by univ
t = 2.0818, df = 162, p-value = 0.03894
alternative hypothesis: true difference in means is not equal to 0
95 percent confidence interval:
 0.0714845 2.7090033
sample estimates:
mean in group 1 mean in group 2
       32.34146        30.95122

> t.test(S ~ univ, var.equal=T)
Two Sample t-test
data:  S by univ
t = -0.7507, df = 162, p-value = 0.4539
alternative hypothesis: true difference in means is not equal to 0
95 percent confidence interval:
 -2.1252504  0.9545187
sample estimates:
mean in group 1 mean in group 2
       2.195122        2.780488
```

SPSS를 사용하는 경우. 종합측도 소비성향지수 c와 성의식 지수 s는

변환 (Transform) ▶ 변수계산 (Compute Variable)

로 만들고 데이터 파일은 SurveyData2.sav로 저장해둔다.

t-검정은

분석 (Analyze)
  ▶ 평균비교 (Compare Means)
    ▶ 독립표본 t-검정 (Independent Samples T-test)

으로 산출된다. 다음은 SPSS의 독립표본 t-검정 창이다.

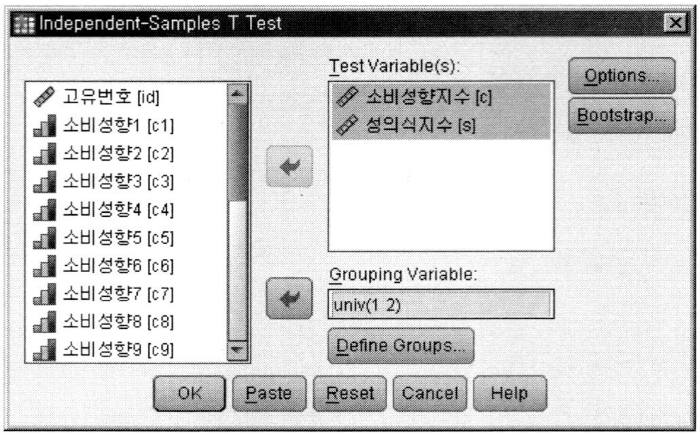

출력을 정리하면 다음과 같다.

c: [평균 Y 대학 32.34, K 대학 30.95]

$t = 2.082$, $df = 162$, 양측 p-값 3.9%.

s: [평균 Y 대학 2.20, K 대학 2.78]

$t = -0.751$, $df = 162$, 양측 p-값 45.4%.

즉, 소비성향 c에서 Y 대학이 K 대학보다 다소 높은 평균을 가지고 있고 그 차이가 검증 결과 유의하다 (단측 p-값 2.0%). 그러나 성의식 s에서는 통계적으로 유의한 차이가 발견되지 않는다.

3. 일반선형모형

소비성향 C와 성의식 S를 종속변수로 하고, 대학 UNIV, 학년 P1, 거주형태 P2, 종교 P3를 설명변수로 하는 2개의 일반선형모형을 생각해보기로 하자. 여기서는 4개 설명변수가 모두 범주형이다.

SAS를 사용하는 경우. SAS에서 일반선형모형(general linear model)은 PROC GLM으로 한다. GLM 절차의 MODEL 문에서 SOLUTION 옵션을 쓴 이유는 설명변수의 범주들을 수량화를 위해서이다.

```
proc glm data=survey2;
    class UNIV P1 P2 P3;
```

```
    model C = UNIV P1 P2 P3 / solution;
run;
proc glm data=survey2;
    class UNIV P1 P2 P3;
    model S = UNIV P1 P2 P3 / solution;
run;
```

SAS 출력. '소비성향'에 대한 일반선형모형

```
NOTE: Due to missing values, only 162 observations can be used.
Dependent Variable: C
                           Sum of         Mean
Source              DF     Squares        Square    F Value    Pr > F
Model               10   208.1928739   20.8192874    1.12     0.3521
Error              151  2811.4676199   18.6189909
Corrected Total    161  3019.6604938

    R-Square           C.V.         Root MSE              C Mean
    0.068946       13.62357         4.314973          31.6728395

Source    DF      Type III SS     Mean Square    F Value      Pr > F
UNIV       1      97.92610831     97.92610831       5.26      0.0232
P1         3      78.51500239     26.17166746       1.41      0.2434
P2         3      19.31796095      6.43932032       0.35      0.7922
P3         3      29.55657694      9.85219231       0.53      0.6629

                                   T for H0:    Pr > |T|   Std Error of
Parameter           Estimate       Parameter=0              Estimate
INTERCEPT      30.07429068 B          19.84      0.0001     1.51612225
UNIV      1     1.60222318 B           2.29      0.0232     0.69863740
          2     0.00000000 B            .          .          .
P1        1     0.61217146 B           0.56      0.5770     1.09513233
          2     1.14475912 B           1.09      0.2784     1.05236659
          3     2.00328471 B           1.92      0.0568     1.04380322
          4     0.00000000 B            .          .          .
P2        1    -0.41646205 B          -0.34      0.7309     1.20844316
          2     0.15479237 B           0.08      0.9376     1.97293431
```

```
                3   0.69208591 B          0.43      0.6672      1.60651695
                4   0.00000000 B           .          .           .
P3              1  -0.29106077 B         -0.35      0.7231      0.81994771
                2   0.27848140 B          0.28      0.7769      0.98103271
                3   1.51297654 B          1.10      0.2750      1.38109744
                5   0.00000000 B
```

제 3종 제곱합(Type III SS)을 살펴보면, 대학교(UNIV)가 통계적으로 유의한 설명변수이다 (p-값 2.32%). 그러나 나머지 설명변수들인 P1, P2, P3는 유의하지 않다. 즉 '소비성향'에 있어 대학교 간 차이가 유의한 반면 학년, 거주형태, 종교 등은 유의하지 않다.

SAS는 매 설명변수의 첫 범주의 수량화 값(추정모수)를 0으로 놓는다. 추정모수 출력에서 대학 UNIV=1 (Y대학)이 1.60으로 수량화되고 UNIV=2 (K대학)은 0.00으로 수량화됨을 볼 수 있다. 즉 Y대학이 K대학에 비해 '소비성'의 C 척도상에서 1.60 만큼 높다고 할 수 있다. 통계적으로 유의하지는 않지만 다른 변수들도 재미있는 수량화 결과를 보인다. 1학년은 0.61, 2학년은 1.14, 3학년이 2.00, 4학년이 0.00으로 수량화되어 P1(학년)은 2.00의 범위를 가진다. 한편, P2(거주형태)는 자택 및 친척집이 -0.42, 하숙이 0.15, 자취가 0.69, 기숙사가 0.00으로 P2(거주형태)는 1.11의 범위를 가진다. 풀어보면, 3학년이 가장 높은 '소비성향'을 보이고 4학년이 가장 낮은 '소비성향'을 가지며, 주거형태 중에는 자취가 가장 높은 '소비성향'을, 자택 및 친척집이 가장 낮은 '소비성향'을 갖고 하숙과 기숙사는 이들의 중간에 있다. P3(종교)에 대한 수량화 결과를 보면, 기독교가 -0.29, 천주교가 0.27, 불교가 1.51, 무종교가 0.00으로서 1.80의 범위를 갖는다.

성의식 S에 대하여도 소비성향 C와 같은 형태로 출력이 나온다. 같은 방식으로 출력을 해석한다.

R을 사용하는 경우. R에서 일반선형모형은 `lm()`으로 수행된다. 설명변수를 범주화하기 위해 `factor()`화 한다. 일반선형모형추정을 위해 다음 두 줄의 스크립트를 추가하여 실행한다.

```
lm.C <- lm(C ~ factor(univ)+factor(p1)+factor(p2)+factor(p3))
summary(lm.C)
```

R 출력.

```
> summary(lm.C)
Residuals:
     Min       1Q   Median       3Q      Max
-16.2633  -2.1927   0.1831   2.6328   9.4515

Coefficients:
              Estimate Std. Error t value Pr(>|t|)
(Intercept)    31.5812     0.9510  33.208   <2e-16 ***
factor(univ)2  -1.6022     0.6986  -2.293   0.0232 *
factor(p1)2     0.5326     0.9604   0.555   0.5800
factor(p1)3     1.3911     0.9864   1.410   0.1605
factor(p1)4    -0.6122     1.0951  -0.559   0.5770
factor(p2)2     0.5713     1.6137   0.354   0.7238
factor(p2)3     1.1085     1.1574   0.958   0.3397
factor(p2)4     0.4165     1.2084   0.345   0.7309
factor(p3)2     0.5695     1.0683   0.533   0.5947
factor(p3)3     1.8040     1.4545   1.240   0.2168
factor(p3)5     0.2911     0.8199   0.355   0.7231
---
Signif. codes:  0 '***' 0.001 '**' 0.01 '*' 0.05 '.' 0.1 ' ' 1

Residual standard error: 4.315 on 151 degrees of freedom
  (2 observations deleted due to missingness)
Multiple R-squared: 0.06895,     Adjusted R-squared: 0.007287
F-statistic: 1.118 on 10 and 151 DF,  p-value: 0.3521
```

R은 SAS와는 달리 매 설명변수의 첫 범주의 수량화 값(계수)를 0으로 놓는다. 그러나 해석은 기본적으로 같다. 예컨대 SAS 출력에서는 UNIV=1 (Y대학)이 1.60으로 수량화되고 UNIV=2 (K대학)은 0.00으로 수량화된 바 있다. 그러나 R 출력을 보면 univ=1이 0.00으로 수량화되고 univ=2는 -1.60으로 수량화된다. 그러나 그 차이는 같다.

SPSS를 사용하는 경우. SPSS에서 일반선형모형은

분석 (Analyze)
▶ 일반선형모형 (General Linear Model)
▶ 일변량 (Univariate...)

으로 산출된다. 아래 일변량(Univariate) 창의 모형(Model) 막대에서 주효과(Main effects)를 지정하고 옵션(Options) 막대에서 모수추정치(Parameter estimates)를 지정할 필요가 있다. 분석자료는 SurveyData.sav에 p3=4의 2개 케이스를 결측처리한 SurveyData2.sav이다.

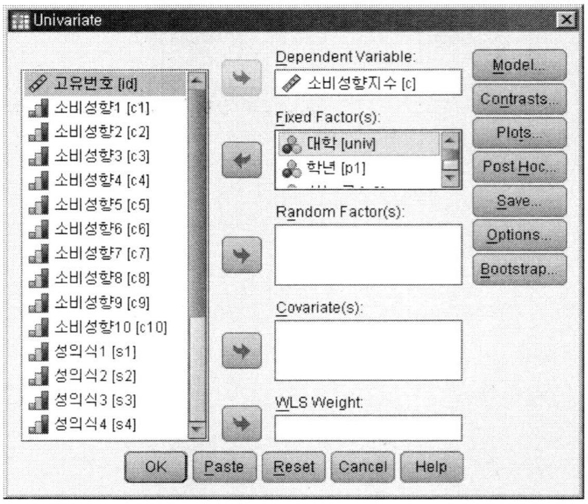

다음은 SPSS의 일변량 일반선형모형의 출력이다. SAS 출력과 동일하다.

Tests of Between-Subjects Effects

Dependent Variable:소비성향지수

Source	Type III Sum of Squares	df	Mean Square	F	Sig.
Corrected Model	208.193[a]	10	20.819	1.118	.352
Intercept	54672.028	1	54672.028	2936.358	.000
univ	97.926	1	97.926	5.259	.023
p1	78.515	3	26.172	1.406	.243
p2	19.318	3	6.439	.346	.792
p3	29.557	3	9.852	.529	.663
Error	2811.468	151	18.619		
Total	165533.000	162			
Corrected Total	3019.660	161			

a. R Squared = .069 (Adjusted R Squared = .007)

Parameter Estimates

Dependent Variable:소비성향지수

Parameter	B	Std. Error	t	Sig.	95% Confidence Interval	
					Lower Bound	Upper Bound
Intercept	30.074	1.516	19.836	.000	27.079	33.070
[univ=1]	1.602	.699	2.293	.023	.222	2.983
[univ=2]	0[a]	.	.	.	.	.
[p1=1]	.612	1.095	.559	.577	-1.552	2.776
[p1=2]	1.145	1.052	1.088	.278	-.935	3.224
[p1=3]	2.003	1.044	1.919	.057	-.059	4.066
[p1=4]	0[a]	.	.	.	.	.
[p2=1]	-.416	1.208	-.345	.731	-2.804	1.971
[p2=2]	.155	1.973	.078	.938	-3.743	4.053
[p2=3]	.692	1.607	.431	.667	-2.482	3.866
[p2=4]	0[a]	.	.	.	.	.
[p3=1]	-.291	.820	-.355	.723	-1.911	1.329
[p3=2]	.278	.981	.284	.777	-1.660	2.217
[p3=3]	1.513	1.381	1.095	.275	-1.216	4.242
[p3=5]	0[a]	.	.	.	.	.

a. This parameter is set to zero because it is redundant.

4. 상관분석

성의식과 소비성향은 어떤 관계에 있는가? 상관정도를 살펴보기로 하자.

SAS를 사용하는 경우. 변수 간 상관계수는 PROC CORR를 써서 구한다.

```
proc corr data=survey2;
    var C S;
    run;
```

SAS 출력.

```
Pearson Correlation Coefficients / Prob > |R| under Ho: Rho=0 / N = 164
                          C                   S
         C             1.00000            -0.15571
                       0.0                 0.0465
         S            -0.15571             1.00000
                       0.0465              0.0
```

두 변수 간 상관계수는 -0.156으로 나타났다 (단측 p-값 = 2.3%). C와 S는 음의 상관이 있는데, 이는 소비성향이 클수록 성의식이 보수적인 경향이 있고 역으로 소비성향이 작을수록 성의식이 진보적인 경향이 있음을 의미한다.

R을 사용하는 경우. R에서 상관계수는 `cor()`로 구한다.

```
> cor(C,S)
[1] -0.155713
```

SPSS를 사용하는 경우. SPSS에서 상관계수는

분석 (Analyze)
　▶ 상관분석 (Correlate)
　　▶ 이변량 (Bivariate...)

으로 구한다. 다음은 이변량 상관의 메뉴 창과 출력이다. 분석자료는 SurveyData.sav이다.

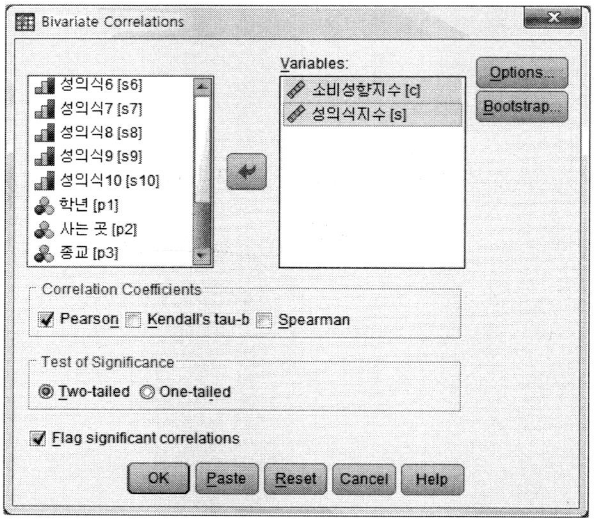

Correlations

		소비성향지수	성의식지수
소비성향지수	Pearson Correlat on	1	-.156*
	Sig. (2-tailed)		.046
	N	164	164
성의식지수	Pearson Correlat on	-.156*	1
	Sig. (2-tailed)	.046	
	N	164	164

*. Correlation is significant at the 0.05 level (2-tailed).

5. 신뢰도

k개 문항의 합으로 구성된 지수의 신뢰도는 크론바흐(Cronbach)의 알파로 측정된다. 알파 계수는 그 지수가 독립적으로 2회 측정되는 경우 제1차 측정과 제2 측정 간 상관에 대한 추정치이다. 소비성향 C의 경우 C1부터 C10까지의 합이므로 SAS 등의 소프트웨어에서 쉽게 신뢰도를 구할 수 있으나, 성의식 S의 경우는 10개 문항 S1부터 S10 중에서 S1, S3, S6, S7, S9에는 음의 부호가 붙으므로 다음과 같이 재코딩(recoding)하여야 신뢰도를 산출할 수 있다.

$$S1 \leftarrow 6\text{–}S1, \quad S3 \leftarrow 6\text{–}S3, \quad S6 - 6\text{–}S6, \quad S7 \leftarrow 6\text{–}S7, \quad S9 \leftarrow 6\text{–}S9.$$

즉, 1, 2, 3, 4, 5를 각각 5, 4, 3, 2, 1로 바꾼다.

SAS를 사용하는 경우. 알파 계수는 PROC CORR에서 ALPHA 옵션으로 구한다.

```
proc corr data=survey1 alpha;
    var c1-c10;
run;
```

SAS 출력. 소비성향 지수 C의 신뢰도 알파계수는 0.600이다 (Raw Variables).

```
Variables               Alpha
-----------------------------
Raw                  0.600316
Standardized         0.609954
```

성의식 지수 S의 신뢰도를 구하기 위하여는 S1, S3, S6, S7, S9를 재코딩한 다음 PROC CORR에서 알파 계수를 구한다.

```
data survey3;
    set survey1;
    s1 = 6-s1;   s3 = 6-s3;  s6 = 6-s6;  s7 = 6-s7;  s9 = 6-s9;
run;
proc corr data=survey3 alpha;
    var s1-s10;
run;
```

SAS 출력. 성의식 지수 S의 신뢰도 알파계수는 0.645이다 (Raw Variables).

```
Variables              Alpha
----------------------------
Raw                 0.645192
Standardized        0.638726
```

R을 사용하는 경우. psy 라이브러리의 cronbach()로 소비성향지수 c에 대한 알파계수를 구한다.

```
library(psy)
c.matrix <- SurveyData[,3:12]
cronbach(c.matrix)
```

```
> cronbach(c.matrix)
$sample.size
[1] 164
$number.of.items
[1] 10
$alpha
[1] 0.600316
```

성의식 지수에 대한 신뢰도 알파 계수를 구하기 위해서는 사전에 s1, s3, s6, s7, s9 등 5개 변수를 재코딩해야 한다. 그리고나서 cronbach()를 적용한다.

```
s.matrix <- SurveyData[,13:22]
s.matrix[,1] <- 6-s.matrix[,1]
s.matrix[,3] <- 6-s.matrix[,3]
s.matrix[,6] <- 6-s.matrix[,6]
s.matrix[,7] <- 6-s.matrix[,7]
s.matrix[,9] <- 6-s.matrix[,9]
cronbach(s.matrix)
```

```
> cronbach(s.matrix)
$sample.size
[1] 164
$number.of.items
[1] 10
$alpha
[1] 0.6451916
```

SPSS를 사용하는 경우. 소비성향 c1부터 c10까지 10개 문항으로 구성되는 지수 c (=c1+ ⋯ +c10)에 대한 크론바흐 알파계수는

```
분석 (Analyze)
    ▶ 척도 (Scale)
        ▶ 신뢰도분석 (Reliability Analysis)
```

으로 구한다. 다음은 신뢰도분석의 메뉴 창과 출력이다.

소비성향지수 c의 알파계수는 0.600이다 (분석자료: SurveyData2.sav).

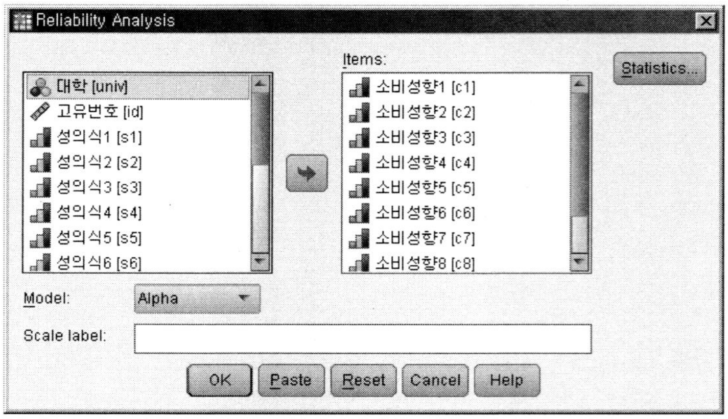

Reliability Statistics

Cronbach's Alpha	N of Items
.600	10

성의식 s1부터 s10까지 10개 문항으로부터 구성되는 지수 s에서는 s1, s3, s6, s7, s9 등 5개 변수를 재코딩해야 한다. 재코딩은 SPSS에서

변환 (Transform)

▶ 같은 변수로 코딩 변경 (Recode into Same Variables)

으로 처리한다. 새로 변경된 자료파일을 SurveyData3.sav로 명명한다. 그리고 앞의 신뢰도분석을 적용하면 알파 값으로 0.645를 얻게 된다.

8장. 보고서 작성 REPORTING

이제는 결과보고서를 쓸 차례이다. 보고서에는 조사에 관한 모든 정보가 간결하면서도 정확하게 기록되어야 한다.

1. 보고서의 양식

보고서에는 통계조사 과정과 결과를 정리하여 기록한다. 꼭 어떤 양식을 따라야 하는 것은 아니지만 다음 양식이 그런대로 표준적이라고 할 수 있다. 참고하기 바란다.

겉장: 제목, 조사자/단체 이름, 출간일

본문: 0. 요약

- 1. 조사 목적
- 2. 조사 설계
  - 2.1 표집방법
  - 2.2 조사방법
  - 2.3 주요 설문내용
- 3. 주요 결과
  - 3.1 ...
  - 3.2 ...
  - 3.3 ...
  - 3.4 ...
- 4. 결론 또는 맺음말

별첨: 부록 1. 설문지

부록 2. 문항별 집계결과

2. 사례 (계속)

「Y대와 K대 여학생 조사」의 사례를 계속해 보이겠다. 여기서는 지면 관계상 겉장을 따로 두지는 않는다.

K대와 Y대 여학생의 소비성향 및 성의식 비교

K대학교 통계학과

정홍배, 손정호, 조형연

1994년 5월

0. 요약

개교이래 상호 경쟁관계에 있는 K대와 Y대는 여러 측면에서 대비되는 것으로 인식되어 왔다. 본 조사연구에서는 조사대상을 여학생으로 한정하여 소비성향과 성의식의 두 측면에서 비교해보고자 한다. 조사결과는 양교 여학생들의 행태와 의식을 정확히 인지하는데 도움을 줄 것이다.

1. 조사 목적

K대와 Y대에 재학 중인 여학생들을 대상으로 소비성향과 성의식을 조사하여 비교하고자 한다. 소비성향은 소비에 대한 태도의 적극성, 정보의 활용도, 생활양식 등으로 측정하고 성의식은 여성관의 전통성 · 보수성과 진보성 · 개방성의 대비에 균형을 두어 측정한다. 본 조사연구의 의의는 그 동안 회자되어오던 양교간 특성 차이를 실증적으로 규명하는 데 있다.

2. 조사 설계

2.1 표집방식

K대에서는 문과대학과 사범대학의 두 단과대학을 제외하면 여학생의 비율이 미미하다. 그런 이유로 두 단과대학의 출구에서 매 시간단위로 자료수를 비례할당하여 표집하였다. Y대에서는 정문 출구에서 매 시간단위로 자료수를 비례할당하여 표집하였다. 표본크기는 시간과 여건의 제약으로 K대와 Y대에서 각각 82명씩 총 164명으로 하였다.

2.2 조사방식

자기식(自記式) 면접방법으로 주어진 설문지를 기입하게 하였고 응답자에게는 소정의 사례품을 증정하였다. 본조사는 1994년 5월 xx일부터 1주일간 실시하였다.

2.3 주요 설문내용

1) 인적사항: 학과, 학년, 주거형터, 종교

2) 소비성향: 소비에 대한 태도, 정보, 생활양식 등에 관한 10개 문항

3) 성의식: 여성관의 전통성 · 보수성과 진보성 · 개방성에 관한 10개 문항

3. 주요 결과

3.1 자료의 특성

1) 학년:

...

2) 거주지:

...

3) 종교:

...

3.2 소비성향 비교

(... 7장의 분석결과를 요약하여 지시함 ...)

3.3 성의식 비교

(... 7장의 분석결과를 요약하여 지시함 ...)

4. 결론

K대와 Y대의 여학생들을 대상으로 소비성향과 성의식을 비교해본 결과, 소비성향에 있어서는 Y대 여학생들이 K대 여학생들에 비해 적극적 · 정보활용적 · 소비지향적인 것으로 나타났다.

성의식에 있어서는 학교간 차이보다는 종교가 큰 영향을 주는 것으로 드러났다.

학교간 차이가 통계적으로 유의하지는 않았지만 K대 여학생들이 Y대 여학생들에 비해 다소 개방적 · 진보적이였다.

부록 1. 설문지

(... 설문지를 제시함 ...)

부록 2. 문항별 집계 결과

1. 호사스런 장신구나 액세서리를 많이 갖고 싶다.

	결코...	아니다	보 통	그렇다	매우...	합계
Y 대학	6	21	34	21	0	82
K 대학	5	29	31	16	1	82
합계	11	50	65	37	1	164

2. 신문을 읽는 것보다 TV 보는 것을 좋아한다.

	결코...	아니다	보 통	그렇다	매우...	합계
Y 대학	4	27	17	31	3	82
K 대학	4	27	23	26	2	82
합계	8	54	40	57	5	164

3. 결혼식은 결혼하는데 꼭 필요한 절차라고 생각한다.

	결코...	아니다	보 통	그렇다	매우...	합계
Y 대학	2	14	12	41	13	82
K 대학	1	16	16	31	18	82
합계	3	30	28	72	31	164

(... 후략 ...)

결과보고서의 이 보기는 설문지와 문항별 집계결과를 별도로 제시하지 않고 하나로 묶은 예이다.

앞서도 말하였지만 보고서의 형태는 얼마든지 다를 수 있다. 중요한 요인은 그 보고서가 누구를 겨냥한 것인가이다. 조직체의 최고책임자에게 보고되어야 하는 경우, 또는 신문 등의 언론매체에 배포할 보도자료로 쓸 요량이라면, 3-4 페이지 이내로 간략히 축약되어야 할 것이다. 그러나 소그룹의 전문가 모임에서 토의자료로 쓸 것이라면 이보다는 훨씬 상세한 보고서가 필요할 것이다.

통계조사의 규모가 큰 경우 조사보고서는 100 페이지 이상 되는 책의 형태가 되기도 한다. 이런 경우는 머리말과 차례가 필요하다. 머리말은 조직체의 최고책임자 또는 해당부서 책임자가 쓰는 것이 관례이다. 차례는 각 장과 절의 페이지 번호를 보여준다. 별도로 그림과 표의 차례를 둘 수도 있다.

학술적인 조사보고서라면 참고문헌을 두는 것이 필요하다. 참고문헌의 기재 방식은 다양하지만 다음 형식을 따를 것을 권고한다.

- 허명회 (1991). "설문지·시험지 문항의 신뢰성분석" ≪응용통계연구≫, 4권 1호. 93-114. (국내 학술지 논문의 경우)
- 허명회 (2010). ≪조사방법론 강의≫. 자유아카데미, 서울. (국내간행 책의 경우)
- Cochran, W.G. (1963). *Sampling Techniques.* Wiley, New York. (국외간행 책의 경우)
- Gabriel, K.R. (1986). "Biplot display of multivariate matrices with applications to principal component analysis," *Biometrika* **58**. 453-467. (국외 학술지 논문의 경우)

9장. 맺음 CONCLUDING

통계조사를 마치면서 해야 할 일은 프리젠테이션, 자체평가와 정리 작업이다. 어떤 조사라고 하더라도 돌이켜보면 미흡하였던 부분이 있기 마련이다. 조사 관련 자료를 잘 정리해둘 필요가 있다.

1. 프리젠테이션

아무리 잘 수행된 조사라도 조사결과의 프리젠테이션에서 실패하면 저평가될 수밖에 없다. 프리젠테이션은 단순한 모양 내기가 아니라 통계정보의 생산자와 소비자 간 커뮤니케이션이기 때문이다.

조사결과를 중요 의사결정자 그룹에게 브리핑하는 경우, 내용의 중심성에 비추어 핵심적인 것과 주변적을 구분하여 가변적인 시간적 제약에 잘 대응할 수 있어야 한다. 예컨대 프리젠테이션에 30분이 예정되어 있다가 갑자기 15분으로 줄어들 수 있다. 발표자료를 예정 시간에 맞추어 준비하되 일부를 건너뛰는 방안도 미리 준비해야 한다.

조사결과의 전달에 있어 전문용어의 사용을 가급적 피하여야 한다. 프리젠테이션은 정보 수용자(소비자)를 위한 것이다. 그들에 맞는 일반용어를 사용해야 한다.

결과보고서가 대략 틀을 잡는 단계에서 비공식적인 '관계자 모임' 같은 것을 갖고 조사결과의 예비 프리젠테이션을 가질 필요가 있다. 좋은 연습기회일 뿐만 아니라 정보 생산자가 예상하지 못하던 정보 수용자들의 반응을 사전에 피드백(feedback) 받을 수 있다.

파워포인트 발표 팁(tips):

1) 한 페이지에 많은 내용을 넣지 않는다. 폰트 크기를 14 이상으로 한다.

2) 내용과 관계 없는 이미지를 사용하지 않는다.

3) 사전에 충분하게 연습하고 주어진 시간에 마친다.

4) 청중을 항상 정면으로 본다.

2. 자체평가

어떤 조사라도 돌이켜보면 미흡한 구석, 크고 작은 실수와 비용·시간면에서의 비효율성 등을 발견할 수 있다. 따라서 조사팀 내의 진솔한 자체평가를 통하여 조사과정상의 문제점들을 리스트하고 개선책을 생각해보는 기회를 갖는 것이 좋다. 예컨대

- 응답하기 곤란하거나 무응답을 유발하게 한 설문이 있었는가?
- 실제 표집에 있어 문제가 있었는가?
- 실제 조사에 있어 문제가 있었는가?
- 원래 의도하였던 조사목적이 모두 충족되었는가?
- 예산과 결산이 근사하게 맞아떨어졌는가?
- 조사일정도 예상대로 진행되었는가?

등을 검토하고 기록한다.

3. 작업 정리

조사를 마치면 여러 자료가 남는데 조사설문지 원본은 묶어 1년간 보관하여야 한다. 입력자료, 설문지, 보고서 파일 등에는 항시 업데이트 날짜를 남기는 것이 좋다. 예컨대 "000조사자료_20100924", "000조사자료_20100925"와 같이 하는 것이다. 이와 같이 하면 자동적으로 최근 업데이트 파일을 고를 수 있고 이전 파일도 쉽게 찾을 수 있다.

4. 마지막 절

정부나 기업 등의 조직내에서 통계학 전공자들이 통계조사를 통하여 기여할 수 있는 기회가 참으로 많다고 본다. 특히 요즘 우리사회가 다원화(단원주의에서 다원주의로)와 개방화(닫힌 사회에서 열린 사회로)로 이행되는 추세여서 통계적으로 접근하지 않고는 제반 문제해결이 어려운 경우들이 점점 많아지고 있기 때문이다. 여기서 중요한 것은 통계조사에 대한 조직내 분위기 형성이다. 조사결과를 테이블에 놓고 문제에 접근하는 것과 아무런 자료 없이 구성원 각자의 통찰력만으로

문제 해결을 논의하는 것 사이에는 상당한 차이가 있다.

이 책은 통계조사의 각 단계를 균형 있고 간략하게 다루어 읽는 이들이 감(感)을 잡을 수 있게 한 "길잡이" 책이다. 따라서 통계조사의 모든 면을 충분히 깊이 있게 다룬 것은 아니다. 좀더 투지가 있는 독자들에게 다음 책들을 추천한다.

1) 최종후·이광진 (1994). 《통계자료분석의 실제》. 목원대학교 출판부.

   한 설문지 조사의 분석사례를 처음부터 끝까지 기록하였다. 원자료와 SAS 프로그램 및 출력을 제시하였다. 기초통계분석, 분산분석, 정준상관분석, 공분산구조분석(LISREL) 등 기법적용에 중점을 두었다.

2) 유영호 (1994). 《설문조사법》. 자유아카데미.

   설문지 조사에 관하여 처음부터 자료분석과 보고서 작성에 이르기까지 상세한 설명을 하였다. 특히 관련 일본서적에서 추려낸 지침들이 실려있다.

3) C.C. 레이크, P.C. 하퍼/신창운 (1992,역). 《與論調査入門》. 한국갤럽.

   갤럽조사의 노하우(know-how)가 많이 실려있다. 이론보다는 실제경험에 근거한 실속있는 지침들이 돋보인다. 특히 질문지 구성방식, 면접과정과 관리, 표본추출방법 등을 전화조사를 중심으로 다루었다.

4) 오인환 (1992). 《사회조사방법론》. 나남.

   1장에서 소개한대로 구미에서 실시되었던 각종 조사연구를 검토하고 있으며 특히 비표집오차를 사례로써 잘 설명하였다.

5) 허명회 (1998). 《사회여론조사》. 자유아카데미.

   1996년의 4·11 총선을 중심으로 우리나라의 국회의원 선거에서 여론 및 예측 조사가 실패하는 원인을 탐구하였으며 세계적인 여론조사관련 학술지인 Public Opinion Quarterly에 실린 16 사례를 체계화하여 제시하고 있다.

6) 허명회 (2010). 《조사방법론강의》. 자유아카데미.

   저자의 고려대학교 통계학과 석박사과정 강의노트.

7) 허명회 (2010). 《SPSS 설문지 조사 방법: 기본과 활용》. 자유아카데미.

   저자의 일반인 대상 강의노트.

이 밖에 조사방법론과 표본추출론에 대한 클래식으로 김경동 · 이온죽 (1986)의《사회조사연구방법》(박영사)과 성내경 (1999)의《표본조사 방법론》(자유아카데미)을 보기 바란다. 구미쪽 문헌으로는 Fowler (1993)를, 일본측 문헌으로는 淺井 晃 (아사이 아키라, 1987)를 가장 읽어볼 가치가 있는 책으로 추천한다. 사회여론조사와 관련하여 다음 책들도 읽어볼 만하다.

1) 김광웅 외 (1996). 《참여론 바로보기》. 나남.

2) 노규형 · 김학량 (1997). 《선거와 여론조사》. 나남.

3) 신창운 (1997). 《여론조사에 대한 이해와 오해》. 오롬시스템.

4) 신창운 (2007). 《여론을 읽어야 승리한다》. 중앙북스.

5) 신창운 (2010). 《여론조사 저널리즘》. 리북.
중앙일보 신창운 기자의 에세이. 여론조사 전문가의 생각을 접할 수 있다.

정말 마지막으로 한 마디, "통계조사를 자기 손으로 직접 해보자." 부딪혀보지 않고는 산 지식을 배울 수 없는 것이 통계조사이다.

참고문헌 REFERENCES

- 김경동·이온죽 (1986). 《사회조사연구방법》. 박영사.
- 김광웅 외 (1996). 《참여론 바로보기》. 나남.
- 노규형 · 김학량 (1997). 《선거와 여론조사》. 나남.
- C.C. 레이크, P.C. 하퍼/신창운 (1992, 역).《與論調査入門》. 한국갤럽.
- 박홍래 (1989). 《통계조사론》. 영지문화사.
- 성내경 (1998). 《표본조사방법론》. 자유아카데미.
- 송혜향 (1992). 《메타분석》. 자유아카데미.
- 신창운 (1997). 《여론조사에 대한 이해와 오해》. 오롬시스템.
- 신창운 (2007). 《여론을 읽어야 승리한다》. 중앙북스.
- 신창운 (2010). 《여론조사 저널리즘》. 리북.
- 오인환 (1992). 《사회조사방법론》. 나남.
- 유영호 (1994). 《설문조사법》. 자유아카데미.
- 최종후 · 이광진 (1994). 《통계자료분석의 실제》. 목원대학교 출판부.
- 한국갤럽 (1994). 《여론조사에 대한 여론조사》. 한국갤럽조사연구소.
- 허명회 (1998). 《사회여론조사》. 자유아카데미.
- 허명회 (1992). 《사회과학을 위한 통계적 방법》. 자유아카데미.
- 허명회 (1998). 《사회과학을 위한 다변량자료분석》. 자유아카데미.
- 허명회 (2010). 《조사방법론강의》. 자유아카데미.
- 허명회 (2010). 《SPSS 설문지 조사 방법: 기본과 활용》. 자유아카데미.
- Fowler, F. J. Jr. (1993). *Survey Research Methods*, Second Edition. Applied Social Research Methods Series, Volume 1. Sage Pub.
- 淺井 晃 (아사이 아키라) (1987). 《調査の技術》. 日科技連, 東京.

부록 A.1 회귀모형의 활용 REGRESSION MODELS

이 장에서는 조사자료에 대한 회귀모형을 다룰 것이다. 선형회귀에서 시작하여 로지스틱 회귀, 순서형 다항 로지스틱 회귀로 폭을 넓히고 나무형 회귀/분류까지 조사연구자를 위해 짧고 유용한 소개를 하고자 한다. 아울러 동일 자료셋의 분석을 위한 SAS 프로그램, R 스크립트, SPSS 명령문을 제시한다.

1. 선형회귀

조사자료의 활용은 모집단의 제 변수(특성)에 대한 통계적 기술(statistical despcription)로 그치지 않는다. 연구자의 주요관심 변수가 있는 경우에는 그 변수가 어떤 변수에 의하여 어떻게 영향을 받는지를 볼 필요가 있다. 예컨대 신상품에 대한 구매의향(5점 척도) Y와 함께 인구사회적 변수로 성 $gender$와 연령 age, 교육수준 $educ$과 함께 인터넷 사용시간 $internet$을 조사하였다고 하자.

이런 자료에서 Y를 단순히 빈도로만 표현할 것이 아니라 5점 척도상의 기대값 또는 각 점의 비율을 $gender, age, educ$과 $internet$의 함수로 표현할 수 있다면 좋을 것이다. 즉 Y의 기대값을 함수로 표현한

$$E[Y] = f(gender, age, educ, internet), \quad (1)$$

또는 각 Y 범주의 확률을 함수로 표현한

$$P\{Y = j\} = f_j(gender, age, educ, internet), \quad j = 1, 2, \cdots \quad (2)$$

의 형태가 되는데, (1)의 꼴로 표현되는 모형들을 회귀모형이라고 하고 (2)와 같은 모형들을 회귀모형 또는 분류모형이라고 한다.

통상적인 선형회귀모형은 (1)에서 상수적 효과 외에 각 설명변수의 효과/영향을 선형적으로 결합하고 오차에 대하여는 정규분포를 상정한다.

설명변수가 범주형인 경우를 요인(factor)이라고 하고 연속형인 경우를 공변량(covariate)이라고 한다. 설명변수가 k개의 범주를 취하는 요인인 경우 그 요인은 $k-1$개의 더미 변수(dummy variable)로 분리되어 회귀모형에 투입된다. 예컨대 $gender, age, educ$의 범주 수가 2개, 5개, 3개인 경우 이들은 각각 1개, 4개, 2개의 더미변수로 바뀌어 모형에 들어간다.

선형회귀는 SAS에서 `proc glm`으로, R에서는 `lm( )` 함수로, SPSS에서는 일변량 일반선형모형(Univariate General Linear Model)으로 실행된다. 설명변수가 요인형인 경우 SAS에서는 `class` 문에서 선언되어야 하고, R에서는 `factor( )`로 변환되어야 한다. SPSS에서는 설명변수를 요인(Factors)과 공변량(Covariates) 중 하나에 넣는다.

앞의 예에서 Y는 5점 척도의 응답이었다. 많은 연구자들이 5점 척도의 응답을 연속형 변수로 간주하여 선형회귀로 모형화하고 있다. 그러나 이보다는 3절에서 소개할 순서형 다항 로지스틱 회귀가 자연스러운 모형이다.

SAS 프로그램

```
data NewSurvey;
    infile 'F:\NewSurvey.txt';
    input gender age educ internet y;
    run;
proc glm data=NewSurvey;
    class gender age educ;
    model y = gender age educ internet / solution;
    run;
```

R 스크립트

```
NewSurvey <- read.csv("NewSurvey.csv",header=T)
str(NewSurvey)
attach(NewSurvey)
summary(lm(y~factor(gender)+factor(age)+factor(educ)+internet))
```

SPSS 명령문

```
* Use NewSurvey.sav.
UNIANOVA y BY gender age educ WITH internet
  /METHOD=SSTYPE(3)
  /INTERCEPT=INCLUDE
  /PRINT=PARAMETER
  /CRITERIA=ALPHA(.05)
  /DESIGN=gender age educ internet.
```

2. 로지스틱 회귀

조사자료에서 Y가 이항형인 경우가 있다. 예를 들어 5점 척도의 구매의향을 있다(1)와 없다(0)로 재코딩(recoding)한 경우이다. 1절에서와 같이 $gender, age, educ$, 과 $internet$을 설명변수로 고려하자. 이런 상황에서 통상적인 모형은

$$\log_e \frac{P\{Y=1\}}{P\{Y=0\}} = \alpha + h\,(gender, age, educ, internet)$$

의 꼴을 취하는데 α는 상수항이고 $h\,(gender, age, educ, internet)$은 설명변수들의 선형함수이다. 이런 모형을 로지스틱 회귀(logistic regression)라고 한다.

로지스틱 회귀는 SAS에서 `proc logistic`으로, R에서는 `glm` 함수의 `family=binomial` 옵션으로, SPSS에서는 이항형 로지스틱 회귀(Binary Logistic Regression)로 실행된다. 설명변수가 요인형인 경우 SAS에서는 `class` 문에서 선언되어야 하고, R에서는 `factor`로 변환되어야 한다. SPSS에서는 설명변수들을 모두 공변량(Covariates)에 넣고 그 중에서 요인형 변수에 대하여는 범주형(Categorical)임을 선언한다.

로지스틱 회귀는 종속변수가 2개 값간을 가질 뿐이므로 불안정한 해에 귀착되는 경우가 있다. 그런 이유로 아래 분석에서는 설명변수로 $gender, age$와 $internet$만 고려하였다.

SAS 프로그램

```
data NewSurvey1;
    set NewSurvey;
    y1 = (y >= 3);
    run;
proc logistic data=NewSurvey1;
    class gender age;
    model y1 = gender age internet;
    run;
```

R 스크립트

```
y1 <- as.numeric(y >= 3)
summary(glm(y1~factor(gender)+factor(age)+internet,family=binomial))
```

SPSS 명령문

```
* Use NewSurvey.sav.
COMPUTE y1 = (y >= 3).
EXECUTE.
LOGISTIC REGRESSION VARIABLES y1
  /METHOD=ENTER gender age internet
  /CONTRAST (gender)=Indicator
  /CONTRAST (age)=Indicator
  /CONTRAST (educ)=Indicator
  /CRITERIA=PIN(.05) POUT(.10) ITERATE(20) CUT(.5).
```

3. 순서형 다항 로지스틱 회귀

조사자료에서 Y가 순서형 척도(ordinal scale)인 경우를 생각하자. 예컨대 5점 척도의 구매의향이 그런 경우이다. Y에 대한 설명변수로 *gender*, *age*, *educ*,과 *internet*을 고려하자. 순서형 다항 로지스틱 회귀(ordered multinomial logistic regression)의 모형 식은 다음과 같다.

$$\log_e \frac{P\{Y \le j\}}{P\{Y > j\}} = \alpha_j + h\,(gender, age, educ, , internet), \quad j = 1, 2, 3, 4.$$

여기서 α_j는 j에 따라 증가하는 상수항이고 $h\,(gender, age, educ, internet)$은 설명변수들의 선형함수이다.

순서형 다항 로지스틱 회귀는 SAS에서 `proc logistic descending`으로, R에서는 `MASS` 팩키지의 `polr` 함수로, SPSS에서는 순서형 회귀(Ordinal Regression)로 실행된다. 설명변수가 요인형인 경우 SAS에서는 `class` 문에서 선언되어야 하고, R에서는 `factor( )`로 변환되어야 한다. SPSS에서는 설명변수를 요인(Factors)과 공변량(Covariates) 중 하나에 넣는다.

SAS 프로그램

```
proc logistic data=NewSurvey descending;
    class gender age educ;
    model y = gender age educ internet;
    run;
```

R 스크립트

```
library(MASS)
summary(polr(factor(y)~factor(gender)+factor(age)+factor(educ)+internet))
```

SPSS **명령문**

```
* Use NewSurvey.sav.
PLUM y BY gender age educ WITH internet
  /CRITERIA=CIN(95) DELTA(0) LCONVERGE(0) MXITER(100) MXSTEP(5)
       PCONVERGE(1.0E-6) SINGULAR(1.0E-8)
  /LINK=LOGIT
  /PRINT=FIT PARAMETER SUMMARY.
```

4. 명목형 다항 로지스틱 회귀

조사자료에서 Y가 명목형 척도(nominal scale)인 경우를 생각하자. 예컨대 5개 보기 중에서 가장 선호하는 품목이 설문된 경우이다. 설명변수로 $gender, age, educ,$ 과 $internet$을 고려하자. 명목형 다항 로지스틱 회귀(nominal multinomial logistic regression)의 모형 식은 다음과 같다.

$$\log_e \frac{P\{Y=j\}}{P\{Y=5\}} = \alpha_j + h_j\,(gender, age, educ, internet), \quad j = 1,2,3,4.$$

여기서 α_j는 j에 따라 값이 달라지는 상수항이고 $h_j\,(gender, age, educ, internet)$은 j에 따라 다른 선형함수이다.

명목형 다항 로지스틱 회귀는 SAS에서 `proc catmod`로, R에서는 `mlogit` 팩키지의 `mlogit` 함수로, SPSS에서는 다항 로지스틱 회귀(Multinomial Logistic Regression)로 실행된다. 설명변수가 공변량형인 경우 SAS에서는 `direct` 문에서 선언되어야 하고, 설명변수가 요인형인 경우 R에서는 `factor( )`로 변환되어야 한다. SPSS에서는 설명변수를 요인(Factors)과 공변량(Covariates) 중 하나에 넣는다.

명목형 다항 로지스틱 회귀에서는 추정되어야 할 모형계수들이 매우 많다. 그런 이유로 아래에서는 설명변수로 $gender$와 $internet$만 고려하였다.

SAS **프로그램**

```
proc catmod data=NewSurvey;
```

```
    response logits;
    direct internet;
    model y = gender internet;
    run;
```

R 스크립트

```
library(mlogit)
NewSurvey1 <- mlogit.data(NewSurvey,varying=NULL,choice="y",shape="wide")
summary(mlogit(formula=y~1|factor(gender)+internet,data=NewSurvey1,
    reflevel="5"))
```

SPSS 명령문

```
* Use NewSurvey.sav.
NOMREG y (BASE=LAST ORDER=ASCENDING) BY gender WITH internet
  /CRITERIA CIN(95) DELTA(0) MXITER(100) MXSTEP(5) CHKSEP(20)
           LCONVERGE(0) PCONVERGE(0.000001) SINGULAR(0.00000001)
  /MODEL
  /STEPWISE=PIN(.05) POUT(0.1) MINEFFECT(0) RULE(SINGLE)
            ENTRYMETHOD(LR) REMOVALMETHOD(LR)
  /INTERCEPT=INCLUDE
  /PRINT=PARAMETER SUMMARY LRT CPS STEP MFI.
```

5. 감마 회귀

조사자료 중에는 종속변수 Y가 비음값(nonnegative value)만을 취하면서 꼬리가 큰 값쪽으로 긴 연속형 척도인 경우가 드물지 않게 있다. 예컨대 소득인 경우가 그렇다. 이런 경우, 선형회귀보다는 감마 회귀가 더 맞는 모형이다.

감마 회귀에서는 Y의 기대값에 대한 로그 변환이 설명변수 효과들의 가법적 합으로 표현됨을 가정한다. 즉, Y가 평균이

$$\log_e E[Y] = h(gender, age, educ, internet)$$

이고 형태(shape) 파라미터가 α인 감마 분포(gamma distribution)를 따른다고 가정한다.

감마 회귀는 SAS에서 `proc genmod, dist = gamma`로, R에서는 `glm( )` 함수의 `family=Gamma` 옵션으로, SPSS에서는 일반화선형모형(Generalized Linear Model)에서 감마 분포(Gamma with log link)를 선택함으로써 실행된다. 설명변수가 요인형인 경우 SAS에서는 `class` 문에서 선언되어야 하고, R에서는 `factor( )`로 변환되어야 한다. SPSS에서는 설명변수를 요인(Factors)과 공변량(Covariates) 중 하나에 넣는다.

SAS 프로그램

```
proc genmod data=NewSurvey;
    class gender age educ;
    model y = gender age educ internet / dist=gamma link=log;
    run;
```

R 스크립트

```
summary(glm(y~factor(gender)+factor(age)+factor(educ)+internet,
    family=Gamma(link="log")))
```

SPSS 명령문

```
* Use NewSurvey.sav.
GENLIN y BY gender age educ (ORDER=ASCENDING) WITH internet
  /MODEL gender age educ internet INTERCEPT=YES
    DISTRIBUTION=GAMMA LINK=LOG
  /CRITERIA METHOD=FISHER(1) SCALE=MLE COVB=MODEL
    MAXITERATIONS=100 MAXSTEPHALVING=5
    PCONVERGE=1E-006(ABSOLUTE) SINGULAR=1E-012 ANALYSISTYPE=3(WALD)
    CILEVEL=95 CITYPE=WALD LIKELIHOOD=FULL
  /MISSING CLASSMISSING=EXCLUDE
  /PRINT CPS DESCRIPTIVES MODELINFO FIT SUMMARY SOLUTION.
```

6. 포아송 회귀

종속변수 Y가 돗수(度數, count)인 경우, 즉 비음의 모든 정수값 $0, 1, 2, \cdots$를 취하는 경우는 흔히 포아송 회귀(Poisson regression)가 고려된다. 예컨대 지난 1년간 인터넷 쇼핑의 횟수인 경우이다.

포아송 회귀에서는 Y의 기대값에 대한 로그 변환이 설명변수 효과들의 가법적 합으로 표현됨을 가정한다. 즉, Y가 평균이

$$\log_e E[Y] = h\,(gender, age, educ, internet)$$

인 포아송 분포를 따른다고 가정한다.

포아송 회귀는 SAS에서 `proc genmod, dist=poisson`으로, R에서는 `glm( )` 함수의 `family=poisson` 옵션으로, SPSS에서는 일반화선형모형(Generalized Linear Model)에서 포아송 분포(Poisson loglinear)를 선택함으로써 실행된다. 설명변수가 요인형인 경우 SAS에서는 `class` 문에서 선언되어야 하고, R에서는 `factor( )`로 변환되어야 한다. SPSS에서는 설명변수를 요인(Factors)과 공변량(Covariates) 중 하나에 넣는다.

SAS 프로그램

```
proc genmod data=NewSurvey;
    class gender age educ;
    model y = gender age educ internet / dist=poisson;
    run;
```

R 스크립트

```
summary(glm(y~factor(gender)+factor(age)+factor(educ)+internet,
    family=poisson(link="log")))
```

SPSS 명령문

```
* Use NewSurvey.sav.
GENLIN y BY gender age educ (ORDER=ASCENDING) WITH internet
  /MODEL gender age educ internet INTERCEPT=YES
    DISTRIBUTION=POISSON LINK=LOG
  /CRITERIA METHOD=FISHER(1) SCALE=1 COVB=MODEL MAXITERATIONS=100
    MAXSTEPHALVING=5 PCONVERGE=1E-006(ABSOLUTE) SINGULAR=1E-012
    ANALYSISTYPE=3(WALD) CILEVEL=95 CITYPE=WALD LIKELIHOOD=FULL
  /MISSING CLASSMISSING=EXCLUDE
  /PRINT CPS DESCRIPTIVES MODELINFO FIT SUMMARY SOLUTION.
```

A.2 다변량분석방법의 활용 MULTIVARIATE ANALYSIS METHODS

애써 수집한 조사자료로부터 다수의 교차표와 몇 개의 모수 추정을 얻어내는 데 그쳤다면 연구자가 자료를 충분하게 활충하였다고 보기 어렵다. 이 장에서는 많은 사례들에서 두루 유용한 다변량분석방법으로 인자분석(factor analysis)과 군집화 방법(clustering method)을 간단히 설명하고 SAS 프로그램, R 스크립트, SPSS 명령문을 제시하고자 한다.

1. 인자분석

인자분석(factor analysis, 요인분석)은 관련성 있는 다수의 변수(문항)의 기저에 깔리는 소수의 핵심적 차원인 '인자'(因子, factor)를 발굴해내는 다변량 기법이다. 예를 들어 「Y대와 K대 여학생 조사」에서 소비성향에 관하여 10개 문항(변수)을 조사한 바 있는데 이들 변수들을 잠재적 차원 2-3개로 표현하고자 하는 것이다. 즉, 인자분석은 많은 수의 변수(문항)들을 소수의 차원으로 줄여낸다. 인자분석에서는 통례적으로 '인자회전'(factor rotation)을 적용하여 각 인자(차원)의 구성을 최대한 단순화한다. 인자회전 기법으로는 배리막스(Varimax) 방법이 대표적이다. 인자분석은 설문지를 구성하는 다수의 문항들에 대한 심층적 통찰의 기회를 제공한다. 인자분석에 대한 보다 자세한 설명에 대하여는 허명회 (1998)의《사회과학을 위한 다변량자료분석》을 보라.

SAS에서는 `proc factor`로, R에서는 `factanal` 함수로, SPSS에서는 요인분석(Factor Analysis)으로 인자분석을 할 수 있다. 배리막스 회전은 SAS에서는 `proc factor` 문에서 `rotate=varimax`로, R에서는 `rotate="varimax"` 옵션으로, SPSS에서는 요인회전 – 배리막스 방법으로 실행된다.

SAS 프로그램

```
data survey1;
    infile 'F:\SurveyData.txt';
    input UNIV 1. ID 2.  @5 (C1-C10)(10*1.) @16 (S1-S10)(10*1.)
      @27 (P1-P3) (3*1.);
    if P3=4 then P3=.;
    run;
```

```
proc factor data=survey1 cov n=2 plot rotate=varimax;
    var C1 - C10;
    run;
```

R 스크립트

```
SurveyData <- read.csv("SurveyData.csv",header=T)
str(SurveyData)
factanal(SurveyData[,3:12],factors=2,rotation="varimax")
```

SPSS 명령문

```
* Use SurveyData.sav.
FACTOR
  /VARIABLES c1 c2 c3 c4 c5 c6 c7 c8 c9 c10
  /MISSING LISTWISE
  /ANALYSIS c1 c2 c3 c4 c5 c6 c7 c8 c9 c10
  /PRINT INITIAL EXTRACTION ROTATION
  /CRITERIA FACTORS(2) ITERATE(25)
  /EXTRACTION PC
  /CRITERIA ITERATE(25)
  /ROTATION VARIMAX
  /METHOD=CORRELATION.
QUICK CLUSTER c1 c2 c3 c4 c5 c6 c7 c8 c9 c10
  /MISSING=LISTWISE
  /CRITERIA=CLUSTER(5) MXITER(10) CONVERGE(0)
  /METHOD=KMEANS(NOUPDATE)
  /SAVE CLUSTER
  /PRINT INITIAL.
```

2. 군집분석

군집분석(clustering analysis, 집락분석)은 상호 유사한 개체(관측)들을 묶어 그룹화하는 다변량 기법이다. 예를 들어 「Y대와 K대 여학생 조사」에서 소비성향 10개 문항에 대하여 164명이 응답한 바 있는데, 군집분석은 서로 유사한 소비성향을 가진 응답자들을 집합(集合)해낸다. 개체 군집화(clustering) 결과는 모집단

세분화(segmentation)와 타케팅(targeting) 등에 활용된다. 군집분석 방법으로는 계층적 방법과 비계층적 방법이 있으나 크기가 큰 조사자료에 대하여는 비계층적 군집화를 적용한다. k-평균 군집화(k-means clustering)가 대표적인 비계층적 방법이다. k-평균 군집화에서는 군집 수를 사전에 정한다. k-평균 군집화에 대한 보다 자세한 설명에 대하여는 허명회 (1998)의《사회과학을 위한 다변량자료분석》을 보라.

SAS에서는 `proc fastclus`로, R에서는 `kmeans` 함수로, SPSS에서는 k-평균 군집분석(K-Means Cluster)으로 k-평균 군집화를 할 수 있다. 군집 수 k는 SAS에서는 `proc fastclus` 문의 `maxclusters`에, R에서는 `centers`에, SPSS에서는 군집의 수(Number of cluster)에 넣는다.

SAS 프로그램

```
proc fastclus data=survey1 maxclusters=5 out=survey2;
    var C1 - C10;
    run;
proc freq data=survey2;
    tables univ*cluster / nopercent nocol;
    run;
```

R 스크립트

```
(Grouping <- kmeans(SurveyData[,3:12],centers=5))
table(SurveyData$univ,Grouping$cluster)
```

SPSS 명령문

```
* Use SurveyData.sav.
QUICK CLUSTER c1 c2 c3 c4 c5 c6 c7 c8 c9 c10
  /MISSING=LISTWISE
  /CRITERIA=CLUSTER(5) MXITER(10) CONVERGE(0)
  /METHOD=KMEANS(NOUPDATE)
  /SAVE CLUSTER
  /PRINT INITIAL.
```

A.3 자료병합 Data Merging

자료의 원천이 두 곳 이상인 경우 자료를 병합하여 하나의 자료로 만들 필요가 있다. 자료병합(data merging)은 케이스를 추가하는 경우와 변수를 추가하는 경우 등 두가지가 대표적이다. 이 장에서는 자료병합의 사례와 그 사례에 쓰인 SAS 프로그램, R 스크립트, SPSS 명령문을 제시하고자 한다.

1. 케이스 추가

한 자료셋이 n_1개의 케이스(개체, 관측)와 p개의 변수로 구성되고 다른 자료셋이 n_2개의 케이스와 p개의 같은 변수로 구성된 경우 두 자료셋을 병합하여 $n_1 + n_2$개의 케이스와 p개 변수의 자료셋으로 만드는 경우이다. 예를 들어 「Y대와 K대 여학생 조사」에서 82개 케이스의 K대 자료셋($p = 25$)과 82개 케이스의 Y대 자료셋($p = 25$)이 별도로 있다고 하자. 그런 경우에는 K대 자료와 Y대 자료를 수직 결합하여 총 164개 케이스의 SurveyData($p = 25$)를 만들어낼 필요가 있다.

SAS에서는 `data` 단계에서 `set` 문을 써서, R에서는 `rbind` 함수로, SPSS에서는 파일 합치기(Merge Files)로 케이스 추가(Add Cases) 작업을 할 수 있다. 다음은 Y대 자료셋 'SurveyData_Y'와 K대 자료셋 'SurveyData_K'을 수직 병합하여 'SurveyData'를 만드는 작업을 SAS와 R, SPSS로 보여준다.

SAS 프로그램

```
data K;
    infile 'F:\SurveyData_K.txt';
    input UNIV 1. ID 2. @5 (C1-C10)(10*1.) @16 (S1-S10)(10*1.) ...;
    run;
data Y;
    infile 'F:\SurveyData_Y.txt';
    input UNIV 1. ID 2. @5 (C1-C10)(10*1.) @16 (S1-S10)(10*1.) ...;
    run;
data SurveyData;
    set Y K;
    run;
```

R 스크립트

```
K <- read.csv("SurveyData_K.csv",header=T)
str(K)
Y <- read.csv("SurveyData_Y.csv",header=T)
str(Y)
SurveyData <- rbind(Y,K)
str(SurveyData)
```

SPSS 명령문

```
* Use SurveyData_Y.sav.
ADD FILES /FILE=*
  /FILE='F:\SurveyData_K.sav'.
EXECUTE.
```

2. 변수추가

한 자료셋이 n개 케이스(개체, 관측)의 p_1개 변수로 구성되고 또 하나의 자료셋이 같은 n개 케이스의 p_2개 변수를 추가로 갖는 경우 두 자료셋을 병합하여 n개 케이스와 $p_1 + p_2$개 변수의 자료셋으로 만드는 경우이다. 예를 들어 「Y대와 K대 여학생 조사」에서 82개 케이스의 소비성향 자료셋 'SurveyData_C'와 82개 케이스의 성의식 자료셋 'SurveyData_S'가 별도로 있다면 공통식별번호로 병합하여 1개의 자료셋 SurveyData1으로 만들 필요가 있다.

변수추가의 자료셋 병합 시에는 공통식별번호가 반드시 필요한데 이때 병합 대상 자료셋들은 병합에 앞서 식별번호 순서로 정렬되어 있어야 한다.

SAS에서는 data 단계에서 merge 문을 써서, R에서는 merge 함수로, SPSS에서는 파일 합치기(Merge Files)로 변수 추가(Add Variables) 작업을 할 수 있다. 다음은 소비성향 자료셋 'SurveyData_C'와 성의식 자료셋 'SurveyData_S'를 수평 병합하여 'SurveyData1'을 만드는 작업을 SAS와 R, SPSS로 보여준다.

SAS 프로그램과 R 스크립트에서는공통식별번호를 univ*100+id로 정의하여 2개 자료셋을 병합하였고 SPSS에서는 식별번호로 univ와 id의 2개 변수를 함께 썼다.

SAS 프로그램

```
data C;
    infile 'F:\SurveyData_C.txt';
    input UNIV 1. ID 2.  @5 (C1-C10)(10*1.);
    new_id = UNIV*100 + ID;
    run;
data S;
    infile 'F:\SurveyData_S.txt';
    input UNIV 1. ID 2.  @5 (S1-S10)(10*1.);
    new_id = UNIV*100 + ID;
    run;
data SurveyData1;
    merge C S;
    by new_id;
    run;
```

R 스크립트

```
C <- read.csv("SurveyData_C.csv",header=T)
C$new.id <- C$univ*100+C$id
str(C)
S <- read.csv("SurveyData_S.csv",header=T)
S$new.id <- S$univ*100+S$id
str(S)
SurveyData.1 <- merge(C,S,by.x="new.id",by.y="new.id")
str(SurveyData.1)
```

SPSS 명령문

```
* Use SurveyData_C.sav.
MATCH FILES /FILE=*
  /FILE='F:\SurveyData_S.sav'
  /BY univ id.
EXECUTE.
```

실습 자료 Data and Program Files

다음 자료 파일들을 출판사 홈페이지에서 내려받을 수 있습니다.

자유아카데미, http://www.freeaca.com/.

내려받기가 안되는 경우에는 저자에게 e-mail로 자료송부를 요청하십시오.

허명회, stat420@korea.ac.kr.

4장 randomsampling.sas
randomsampling.R

6장 SurveyData.txt
SurveyData.sas
SurveyData.csv
SurveyData.R
SurveyData.sav

7장 SurveyData1.sas
SurveyData1.R
SurveyData1.sav
SurveyData2.sav
SurveyData3.sav

A.1 NewSurvey.txt
NewSurvey.sas
NewSurvey.csv
NewSurvey.R
NewSurvey.sav
NewSurvey.sps

A.2 SurveyData_A2.sas
SurveyData_A2.R
SurveyData_A2.sps

A.3 SurveyData_K.txt
SurveyData_Y.txt
SurveyData_K.csv
SurveyData_Y.csv
SurveyData_K.sav
SurveyData_Y.sav
Merge.sas
Merge.R
Merge.sps
SurveyData_C.txt
SurveyData_S.txt
SurveyData_P.txt
SurveyData_C.csv
SurveyData_S.csv
SurveyData_P.csv
SurveyData_C.sav
SurveyData_S.sav
SurveyData_P.sav

찾아보기 INDEX

| 저자약력 |

허명회(許明會)
서울대학교 자연과학대학 계산통계학과 (졸업)
미국 스탠포드대학교 대학원 통계학과 (통계학 박사)
현 : 고려대학교 정경대학 통계학과 교수
E-mail: stat420@korea.ac.kr

저 서
탐색적 다변량자료 분석 / R을 활용한 통계적 개념 · 방법 · 응용
R을 활용한 사회네트워크분석 입문 / 조사방법론 강의
R을 활용한 행렬의 이해와 계산 / R을 활용한 탐색적 자료분석
다변량 수량화 / 사회과학을 위한 통계적 방법
수리통계학 강의
외 여러 권

통계조사의 길잡이 -제3판-

| 저 자 | 허 명 회
| 발 행 인 | 주 정 희
| 발 행 처 | 자유아카데미
| 주 소 | 경기도 파주시 교하읍 문발리 527-2
파주출판문화정보산업단지
| 전 화 | 031-955-1321
| F A X | 031-955-1322
| 홈페이지 | www.freeaca.com
| 전자우편 | main@freeaca.com(대표)
editor@freeaca.com(편집)
| 등 록 | 제406-2003-017호, 1980. 7. 12
| 제1판1쇄 | 2011년 5월 20일 발행
| 정 가 | 10,000원

ISBN 978-89-7338-888-2 93310